U0552359

如果历史是一座公园

(第一卷)

[德] 马克斯·克鲁泽 著
何珊 郭颖杰 译

图书在版编目（CIP）数据

如果历史是一座公园：全四卷 / （德）马克斯·克鲁泽著；何珊，郭颖杰译. -- 北京：北京联合出版公司，2025.7. -- ISBN 978-7-5596-8428-8

Ⅰ．K103

中国国家版本馆CIP数据核字第20256HE032号

Title of the original edition:
Author: Max Kruse
Title: Im weiten Land der alten Zeit; Im weiten Land der neuen Zeit
Copyright © 2023 by Max Kruse, represented by AVA international GmbH, Germany
(www.ava-international.de)
Chinese language edition arranged through HERCULES Business & Culture GmbH, Germany.
Originally published 1997 and 1998 by C. Bertelsmann Jugendbuch Verlag, München

本书简体中文版权归属于银杏树下（上海）图书有限责任公司。
北京市版权局著作权合同登记　图字：01-2025-0753

如果历史是一座公园：全四卷

著　　者：［德］马克斯·克鲁泽
译　　者：何　珊　郭颖杰
出 品 人：赵红仕
选题策划：后浪出版公司
出版统筹：吴兴元
编辑统筹：尚　飞
责任编辑：管　文　龚　将　牛炜征
特约编辑：季丹丹　罗泱慈
营销统筹：陈高蒙　营销编辑：林晗芷
装帧制造：墨白空间·Yichen

北京联合出版公司出版
（北京市西城区德外大街83号楼9层 100088）
北京盛通印刷股份有限公司印刷　新华书店经销
字数751千字　889毫米×1194毫米　1/32　37印张
2025年7月第1版　2025年7月第1次印刷
ISBN 978-7-5596-8428-8
定价：178.00元（全四卷）

后浪出版咨询（北京）有限责任公司版权所有，侵权必究
投诉信箱：editor@hinabook.com　fawu@hinabook.com
未经书面许可，不得以任何方式转载、复制、翻印本书部分或全部内容。
本书若有印、装质量问题，请与本公司联系调换，电话010-64072833

给中国读者的话

我的妻子出生于杭州,她的祖父曾在那里经营一家生产墨汁的小工厂。这本书就是献给她的,而她的背后是所有的中国人。我曾同她一起游历了这个"中央的大国",为它丰富、沉静而自信的文化所吸引。不过,在比这更早的时候,早在我的青年时代,我就已经熟读中国诗歌了;我喜欢它们,尤其是卓越的诗人李白的作品。

现在,《如果历史是一座公园》得以走进中国,我非常高兴。我试图用这本书描绘人类走过的道路,从宇宙的产生(创世大爆炸)写到当代(人类踏上探索宇宙的航程)。当然,本书的写作只局限于西方国家,这是因为我更了解西方的材料。这条人类走过的道路纷乱而复杂:先是经过了持续数千年、高度发达的古埃及文明,然后是古希腊思想的苏醒,接着是一度统治欧洲、创造出新法律规范的古罗马帝国,再后来是在欧洲中世纪乃至今天刻下了深深烙印的基督教。

这是不是对你——中国的读者——也有某种意义呢?我想是的。事实上,几乎所有的现代科学(比如各地大学中教授的现代医学、自然科学和技术)都起源于欧洲。在过去的几个世纪里,欧洲的知识与思想简直是以风暴般迅猛的速度在全球传播;而今天,它们在全世界的科学家、发明家和思想家的协作中发展着。在欧洲发端的东西,现在成了全人类的财富,这也是因为(尤其是因为）它接受了许多其他文化的影响。因此，了解欧洲精神走过的道路是大有裨益的。

这是一条争取思想自由的斗争之路——在与基督教的斗争之中，也在反对占统治地位的信仰的过程中；这条路上充斥着谬误和罪恶，但也充满伟大的认识和发现。我想描述那些影响较大的正道和歧途，清晰地展现它们之间的内在联系：只有靠着对知识的强烈渴望，坚持不懈地与宗教偏见做斗争，热情地为自由而战，思想才能获得解放和发展。行进在这条道路上，我们面前时常会出现血腥却又绚烂的景象，这些景象既富于思想性，又富于艺术性。此外，书的目录也为探讨的主题、时代和人物做了概括。

我希望，我能够用友谊之手牵起遥远的中国读者，带领你们穿过那已经逝去的世界，理解那些时代和时代中的人，亲近那些陌生的东西，这样，那些逝去的事物才会重新获得生命。

前　言

在我童年时，亨德里克·房龙出版了《人类的故事》一书。为了教育我，我的母亲为我朗读了这本书的选段。作者在书里描绘了一幅朴素的历史全景图，从人类诞生的最初岁月一直写到作者当时生活的年代，即"黄金的二十年代"[1]。这是我了解人类和历史的入门书。作为启蒙读本，这本书的确使我获益匪浅，但我觉得对于某些事物，今天需要用完全不同的眼光来看。早几十年出生的作者缺少了一些非常重要的认识。关于这点我稍后再做解释。

首先谈谈主题。依我之见，人类的文明像地上疯长的蘑菇一样，不断地延展着，直至世界的最后一个角落，而这种延展的源头在地中海区域。人们完全有理由去指责这种"西方化"的趋势，但这不是本书的主旨。古希腊人首先敲开了通往自由、思想和冷静的思想大门，科学也是在那里诞生的。他们将思考的能力传给了欧洲其他民族。就文化意义而言，没有任何一片地理区域可以与地中海地区相提并论（也许只有中国是个例外）；它领先于其他所有民族，甚至完全超越了他们。然而，与此同时，西方文化对神秘事物的痴迷也比其他民族更甚。虽然一直以来各民族文化的发展中都不乏对宗教的偏激与狂热，但别的地方是否出现过像

---

[1] 又称"快乐的二十年代"，指20世纪20年代德国经济和文化都蓬勃发展的一个时期。实际上，这一时期开始于1918年第一次世界大战结束，终结于1929年华尔街股市崩盘。

欧洲中世纪那样普遍的宗教暴乱呢？中世纪欧洲近乎疯狂的迷信达到了"登峰造极"的地步，它痛恨任何宗教上的偏差，所采取的手段又混乱而荒诞，这种情况我没有在其他地方见过。与此相反，佛教、中国的道教和其他亚洲哲学流派则显得宁静致远、淡泊超然！中世纪的欧洲是一个危机四伏的旋涡，那里既有生生不息的幸福与安宁、闪耀的精神和生机勃发的美丽，也丛生着恐怖和残暴的邪恶之花。但幸福和灾难是紧密相连、缺一不可的。形成于地中海地区的西方文化是现代文明、知识爆炸和科技进步的基础，是一种永不满足的、躁动不安的文化，这是它与其他文化的根本区别。

或者换一种说法："进化"尤其偏爱地中海区域。当然，到处都有人类生活过，他们发展了各自的文化，世界上曾出现过许多高度发达的文明。但是，我们所说的进化，不仅是指技术和科学的进步（这种进步是最显而易见的），还应当包括艺术文化方面的进步。在别处没有出现过一种可以与地中海区域相比的进化过程。进化由地中海向世界各地扩散开来，既带来了好处，也带来了厄运。我这种以欧洲为中心的观点并不否认其他高度发达的文明，特别是中国和亚洲其他地区的文化，当然也不否认南美、中美、北美、印度和非洲的文化。但这些文化都像一个个有机体，它们独立自主，自给自足。只有地中海文化不断向外扩张，最后爆炸式地越过大洋，被其他国家和人民接受和采纳——他们有的仅仅采用了，有的则将它继续发扬光大。基督教和西方科学遍布全球，人们完全有理由为此感到遗憾，但却无法否认这个事实。文化的"进步",或者更确切地说,人类文化的进化,其源头在欧洲。古埃及孕育了文明,并将其果实传播到古希腊和古罗马,到中世纪时,文化在一个比其他任何时期都更加黑暗的年代得到了全面的发展。

以上是我只关注西方文化的部分原因。再说,对各个大陆所有文化的发展都加以描述涉及浩如烟海的内容,我并无勇气做出那样的尝试。

除此之外,我也认为,仅从其高度发达的文明期(比如古埃及)开始研究西方文化的发展,将会使我们得出错误的结论。我们不能忽略人类最早的进化,如猴子、能人,不能不提到人类所经历的冰河期、石器时代、工具的进步、农业的发展、森林的采伐,以及人类智慧缓慢的积累过程,当然也不能不提到从宇宙洪荒中诞生的地球、从海底淤泥中产生的最早的细胞……这些都是了解人类的起源和进化时必须搞清楚的,因为过去和未来密不可分。不了解人类是怎样诞生的,又怎能去描述人类文化的历史呢?只有了解历史,才能认识人类的文化成果,或者对之提出质疑。

这个题目太大,所以有必要将范围局限在一个区域。

当然,这本书不可能包罗万象,我也不敢期待自己能面面俱到。我的工作越深入、资料堆积得越多,就越不得不放弃或跳越某些部分,只有这样才有可能保留一条主线,不至于迷失。然而,在写作本书的过程中,我也不止一次地差点陷入细节中不能自拔。

这的确很遗憾,但也不足为奇,因为这本书也是我毕生思考的结果；我在查找资料的过程中有既定的方针，也有偶然的选择。没有无数的参考书籍，我肯定无法完成这本书。荷兰文化哲学家约翰·赫伊津哈在《游戏的人》一书的前言中写道："弥补所有知识的空白，对我而言是不可能的。对我来说，要么现在下笔，要么根本不写。要写就写我心里最想写的东西，所以我就开始了写作。"我也有同感。可这就意味着我不得不相信前人和他们留下的知识。因为许多东西我早已遗忘，剩下的只是一些沉积于心的想法，为此我得寻找新的、补充性的资料。前面提到的《人类的故事》为我的写作奠定了第一块基石，随后是教科书和那些伴随我成长并在我的思想中打下烙印的书籍，当然还有图书馆和古籍书店所提供的一切。同时，我（几乎是痛苦地）越来越清楚地认识到：正如我不能做到面面俱到一样，让书中的内容完全正确或绝对真实也是不可能的。我可以引用法国哲学家丰特奈尔[①]的格言："如果不是身着盔甲，靠错误壮胆，人们很快就会失去勇气。"我还要加一句：不论目的何在，除了这条布满错误的道路之外，我们别无选择。这句话不仅适合这本书，也适用于整个生活。

言归正传，这本书所列的年代应该是正确的，其他一切都有赖于说明和解释。我们所能看到的只是一些历史的片段，而对它们的呈现也受到偶然因素的影响——包括个人的偏爱以及或有意或无意的选择。因为可供使用的资料浩如烟海，我不得不进行筛

[①] 丰特奈尔（Bernard Le Bovier de Fontenelle，1657—1757），法国哲学家、作家，启蒙运动的重要先驱。

选，而筛选也是创作的一部分，它不仅带有主观性，还带有很强的随意性。本书所涉及的话题无穷无尽，即使有几生几世也不足以彻底研究它们，但终归得画上句号。为了符合筛选的原则，我在书中设计了一个展览公园。显然，如果我使用不同的资料，对每个章节的处理就会有所不同。书中的内容也不可避免地会跟资料有近似或一致之处，因为作者的思想和写作手法有时十分相似，难以区分。除此之外，我还采用了自己累积多年的读书笔记，其内容的出处已经难以确认。我甚至还使用了通俗小说中的素材，而有些被视为权威的资料后来反倒被推翻了。即便是教科书里的内容也不一定是纯粹的事实，更不会是完整的真相，那里也有作者们代代相传的顽固错误和不准确的描述，虽然每一个资料来源都经过作者的过滤，但这毕竟是他根据自己的经验、观点和信仰做出的选择。然而，世上每天都有新的发现，人的世界观也每天都在发生变化。

世界是一个巨大的、不断变幻着的万花筒，也许我们所看到的一切都是错误的，或者只是万花筒里的小彩色玻璃片，稍一摇动，里面的整个景象都会改变。作者本人也会受到外界的影响，很难得知他是否总能按自己的意志行事。那么，假如我采用别的资料，会不会产生一部与此完全不同的作品呢？肯定会有不同，但总还在我所设想的范围之内吧。这一点在本书描述中世纪时尤为明显，因为对这个时期存在无数不同的解释，需要从一团混乱中理出一个头绪,或造出一个"人造人"①,它永远不可能是完美的。在完成了古典时期的成熟过程后,中世纪的人类突然又变得像小孩一样天真幼稚。中世纪是一个信仰的时代,它当然不是人类的幼年时期,也许更像是一种童年的复发。我们今天则生活在人类的青春期,正经历着一个充满躁动、渴望、不安和震撼的过程。人类的成熟表现为对知识的牢固掌握、对其他事物的包容、对命运的妥协和反抗,而我们距此目标还相差甚远。从某种意义上说,"中世纪"在今天仍然存在,也许比其他任何时候都更加活跃。中世纪的阴影遍布各处,看看数不胜数的邪教团体,对女巫的迷信,对撒旦的恐惧,还有各种宗教流派。哪怕前人有过那么多精辟的论述、全面的分析和毫不留情的揭露,现在的人还是会不禁懊丧地自问:我们的认知和理性能对抗得了疯狂吗?我的回答是令人沮丧的:对此我们一筹莫展。不时地有人提出质疑,以前的思想家们是不是从未认真地思考过这个问题?从遥远的古代,经过古希腊时期,一直到那些尚不被人完全了解的思想家——从苏格拉底、柏拉图、亚里士多德,到求实、清醒、不带偏见的古罗马哲学家,再到充满探索精神的中世纪精神领袖——霍亨斯陶芬王朝雄辩的弗里德里希二世②(他试图挣脱过时的思想束缚,释放出以马基雅维利和达·芬奇为代表的文艺复兴精神),再到奠定思想基础的启蒙运动思想家,伏尔泰、普鲁士的

---

① 原文为"Homunculus",指欧洲中世纪的炼金术士声称创造出的人工生命。
② 霍亨斯陶芬王朝的弗里德里希二世(Friedrich II, 1194—1250),神圣罗马帝国皇帝。他发动的十字军东征史无前例地不费兵卒,仅仅通过谈判就获得了胜利,随后自封为耶路撒冷国王。他与罗马教皇常发生冲突,两次被革除教籍。

弗里德里希二世[①]、康德、黑格尔、叔本华、尼采，一直到现在的思想家们。只有极少的人能通过自己的思考从中获得教益或得出结论，然而，独立思考和自我反省的能力最终使人成为人。

人——从宇宙的混沌中诞生，从浑浊的泥水里爬出，开始直立行走，学会清晰地发音，成为火的主宰，后来成为猎人、农夫、商人、雕塑家、思想家——他征服了世界上最后一个角落。他学会了征服自然，也懂得了怎样摧毁自然，为此他也将走向毁灭。这是一个逻辑的推断，因为人类是自然的一部分，在他摧毁自然的同时，他也在摧毁自己。

那么能否改变这一点呢？书中的主角提出了这个问题。书中表明，我们至今没能从石器时代的行为模式中解脱出来，武器技术和毁灭的动力远远地凌驾于道德准则之上。这是现状，将来似乎也不会改变，毕竟我们主要是为了自保而要求他人的道德。对于远古时代的人类来说，为了生存，残忍和攻击比道德更为重要，这是自然在恶劣的环境中赋予人的天性。当时，人类需要不断提高自己的认识和发明能力才得以生存；而现在，我们需要一套高度发达、自发运作的伦理道德。但是我们从哪里尽快得到这种道德呢？宗教那种关注来世的思想毫无帮助。人类为自己创造了一个必须只允许道德行为存在的世界，要在最广泛的意义上保护同伴、植物、动物和环境。直到今天，人

[①] 普鲁士的弗里德里希二世（Friedrich II，1712—1786），史称"弗里德里希大帝"，支持启蒙运动和艺术文化的发展。他主张国王是国家的公仆，支持法律面前人人平等，推行农业、军事、教育等各方面的改革；曾与伏尔泰会面，并创作《反马基雅维利》驳斥马基雅维利的代表作《君主论》。

类才意识到人的生存需要这样广义的道德。在一个只能以最敏感的方式维持其平衡的生存环境里,我们不能仍像原始人那样,手持大棒跺脚怪叫,到处打杀、抢掠、勒索,破坏和毁灭一切,痴迷于巫术和各种各样的迷信(我们不仅拥有大棒,还有坦克、飞机和核武器,它们让任何人都有能力炸毁地球,而这还不包括会破坏生态环境的种种行为)。

我想再谈谈这本书。书的写作无法避免错误,一方面是因为我对资料的解读可能有误;另一方面,我所依凭的各种资料常常相互矛盾,资料的作者各有立场(他们依据自己的政治、宗教或科学观点做出符合基督教的、反宗教的、无神论的、经济学的、社会政治学的、资本主义的、反自然科学的、相信自然科学的种种结论,并相互批驳),有时候根本没有可靠的结论可言。我越深入研究资料,就越沮丧地认识到这点。对此请不必大惊小怪,毕竟哪怕是在一个简单的交通违章案的听证过程中,证人的证词也不可能完全一致;况且人们很难清楚地回望自己的过去,解开那些编织了命运的复杂关系,更不用说去解开人类祖先的谜团了。无论如何,我尽了最大的可能力求准确。此外,我也不想以此去取代专业的历史著作,写作此书只是为了激励你我更深入地了解这段历史。我更想描绘一幅彩色的画卷,而不是去写一本教科书;更想去提问,而不是提供一些教条的答案。为了写出一本流畅可读的书,我的构思迫使我不能完全严格遵守科学传统,我也不得不放弃将各种资料来源附在书中的打算。从某种意义上说,这是一本小说,我设计的是一个独立的整体。在必要的情况下，我到处征集资料，获得了大多数资料提供者的许可，但也有个别未能得到答复，如果有冒犯，还请来信指出。

这些资料的选择有内在的方向，符合我的创作意图和需求。那么我的意图是什么呢？它们与其他类似书籍的区别何在？我必须承认，在此之前已经有了许多出色的，甚至更好的文化史书籍，本来没有必要再写一本，但所有这些文化史书原则上都是"不带评判"的。这不是说书籍作者没有自己的意见，而是他们写的内容主要是就事论事的报道。客观的事实，以及深入的研究——这方面他们比我强多了，在此我只想提一下埃贡·弗里德尔那本杰出的《近代文化史》（我有意没有将它当成资料来源），我永远也写不出比它更好、更透彻的文字。但这些作家没有意识到人类已经面临毁灭，他们研究的人类精神和哲学、文化方面的成果也难逃厄运。我们是第一代可以将目光投向遥远过去的人，也是最早看到地球在宇宙中转动的人，这难道不应该改变我们的思想、（更重要的是）我们的感受吗？前人只能试图去想象，而他们的感官仍然停留在地球上。现在则不同了。人人都能看到在宇宙运行轨道上的地球，还有人造卫星拍摄的宇宙图像！我们也是第一批站在历史转折点上的人，与前人相比，我们更应该展望未来。因为前人即使不去思考自己行为的后果也能生存下来，但如果我们也这么做，就将失去所有机会。除此之外，我们还是第一代深入宇宙空间、探索宇宙诞生的人，我们能感知在这个宇宙的周围还有别的宇宙存在（此处提到的"别的宇宙"并非印刷错误）。哪怕我们的后代在这个科学领域内必将走得更远，他们也无法揭开最终的谜底；而如果我们毁灭了他们生存的基础，一切都会消失。

事实是这样的：自从有了可记录的历史，人类一直在不断进步，他们深信自己能站在前人的肩膀上走得更远。这种感觉在十五世纪以来的大发现时代生长，并随着哥白尼和伽利略之后的自然科学发展而膨胀。我们是最早看到这种进步的消极影响的人，我们知道自己可能走向毁灭。

我还可以用更简单的语言来表达：在大部分文化史书中只有客观的描述和赞美之词，而没有对其负面效果进行批评。这不足为怪，我也沉迷于人类的文化成果，毕竟哪怕人类有种种弱点、犯过许多错误，仍不愧是一个令人着迷的造物，人类的精神创造力仍然可以说是万物之灵长（可历史告诉我们，人类中曾经有过多少顶着"万物之灵长"这个光环的暴君和恶人啊）。无论如何，从生活在混沌中的变形虫算起，人类过去几千年的辉煌成就令人叹为观止（展现人类这样的发展过程当然也是本书的主旨，但不是唯一的主旨）。人类可以说是自然最了不起的造物，但这并不是人类的功绩，而是一种使命。人类是大自然的恐怖和魅力的产物，是自然的原始性和敏感性的承受者，也是自然的领导者和实践者。因此我们要在人类可能灭亡的前提下重新讲述人类的历史，讲述人类那些残酷的、智慧的、精彩的、有创造力的和致命的游戏——这些游戏可能将毁灭人类自己和地球。

但也许情况不会如此？

我思考的是将最终走向毁灭的人类历史，一个必然堕落的进化过程——从石器时代居住在阿尔塔米拉山洞的古人开始,到古埃及、古希腊、古罗马,再到充满疯狂迷信、备受宗教折磨的中世纪,经过启蒙运动,直至今天通过全球性的通信网络而更迅速发展的知识大爆炸年代。现如今,在同一个时期内有比自苏格拉底以来的几千年里的研究人员总和还要多的自然科学家在探索和研究。也许一切早已注定,也许在第一个人发出了被另一个人理解的音节时就已注定?如果我们在毁灭之前能看到人类最终的面目和绝对的真理,我们就会发现,这个进化的过程充满了导致灭亡的种种错误。如果我们能认识到从进化到灭亡的必然性和逻辑性,我们就能预知这种绝对真理,因为逻辑推断将证明,那"无可比拟"的人类精神毕竟太弱小了,远远不足抵抗某种玩火自焚的结局。

我写这本书的第二个理由是,新的认识将使我们以新的眼光看待早已熟知的一切。我们正站在自哥白尼以来最重要的认识新起点上,我们必须尽快改变思想,保持自己的限度。我们必须学会不再对自然及其造物实施暴政,学会与自然界和平共处的民主——就像政治上的民主一样。然而我们却遗憾地发现,专横地对待自然很容易,而"自然共和国"(即"生态共和国")能否实现则令人怀疑。

难道我们不该为自己感到惋惜吗?不久前,我在一个山区过夜时,在昏暗的夜色中看到了一座建在山脊上的村落,那里的窗户装饰得如节日般美丽,微小的灯火在清冷的月光下闪烁着。那时我不禁感叹,在这寒冷的夜晚——或者,在冰冷而不好客的宇宙中——人类为自己创造了舒适和温暖，这不是一种奇迹吗？

在我们毁灭之日，我们肯定可以指出两个相互矛盾的伟大成就，它们带着祝福，也带着诅咒——一个是由人类创造的神灵，它们使宇宙充满生机，促进了宗教的精神和艺术的发展；另一个是科学的成就，它从虚无中诞生，对微观世界和宏观世界进行了彻底的探索和研究。我们的认识汇入书籍的海洋，给日常生活打下了深深的烙印，今天的科学家甚至能做出一个物体，把我们发射到天体运行的轨道上，让我们看到遥远的银河系和时间的开始（即便它可能根本不存在）。

基于上述考虑，我发现，今天的年轻人生活在一个物质和知识都过剩的世界里，他们漠然地看待这个过于丰富的世界，并且有足够清醒的意识去思考自己将要面临的问题，那么人类的历史能告诉他们些什么呢？这大概只能是一种尝试，我知道也许我永远无法实现这一目标。但是，我仍想将一切尽可能地展示在他们面前，让他们能亲身感受到：一切与我息息相关，我是从这里来的，我是其中的一分子。我的这一创作意图借助书中三个年轻的主角得以实现。当然，在此之前，我进行过许多思考，做过各种尝试。因为我知道，我的这种设计在文学上是多么站不住脚，多么容易招来批评和指责。如果我的坦白仍然不能被理解的话，那我在此特别说明：我没有找到更好的办法。后来，在尝试过所有我认为可行的方式后，那些曾经反对现有形式的朋友也改变了看法，他们认为，虽然它不完美，却能让我说出最想说的话。毕竟形式必须服从于内容。于是，我的脑海中渐渐出现了三个人物的形象：贝蕾妮克、斯特凡和罗曼。这三个年轻人不是书中的点缀和陪衬，而是具备独立思考能力的人。但愿至少在每天晚上（尤其是在第五晚）的对话中，我把人物的这种特性表现出来了。我希望，读者能在这三个年轻人身上找到自己的影子，找到认同感。

我相信，我们当中至少有百分之九十九的人在离开这个世界时，甚至没有意识到这一生对于他们来说是一次多么难得的机会。你醒来一次，就一次，看看人类几千年来在地球舞台上上演的华丽剧目——虽然人类最终会毁灭，但如果把这些说成"死亡之舞"①，就大错特错了。因为只有在万物终结的那一刹那，死亡才会降临。不，这是一场生命之舞，乞丐和百万富翁、国王和骗子、病人和妓女、傻瓜和智者都在其中扮演着同样的角色。大自然赋予他们或多或少的理性，在地球上铺设了一张地毯，地毯的第一根线可以追溯到原始时代的黑暗中，最后一根线我们还看不到，但每个人都在上面编织。但是，地毯的形象只是一个不完美的比喻，因为它缺乏重要的第三维度，而正是这第三维度让生命之舞变得立体。它就在宇宙中。不管怎样，能够带着自己的思想清醒而投入地观看这场演出，是生命赠予我们的礼物。这份礼物比我们之前的任何一代人都更加丰厚，因为我们身后有更大、更远的历史。我们越多地看到这块地毯，对它知道得越多，越了解它的构造，就越能认识生命的意义，并且意识到：我们来到世

---

① 中世纪绘画题材，象征死亡的骷髅带领众人走向坟墓的舞蹈。

间的目的是共同编织这块地毯。我还想指出，人类是怎样适应这个星球的环境、怎样试图把自己从劳役中解脱出来，将生活安排得越来越舒适；他们怎样献身于艺术、美化生活，为生活创造新的内容；他们如何发明了宗教，对世界和生活有什么样的看法，又如何进行哲学的思考；他们怎样不断向新的认识领域进军，无论结果如何，他们都不放弃。我希望，大家能有"人类真是了不起的造物"的感觉。人类这个来自海洋、来自动物王国、来自远古时代、来自冰河期的动物到底是什么？他们建造了什么、想什么、做什么，还有各种不同的文化、不同的生活方式以及丰富多彩的历史——对于这一切，我们有着与前人不一样的感受，也许是更加强烈的感受。

或许，来过这一次，死就是值得的！

再回头谈谈这本书。众所周知，人类的政治史是一部争权夺利、自私残酷的编年史，而文化的发展同样与思想和宗教联系在一起。科学的历史也是这样，因为认识产生于宗教，虽然它某种程度上也反对宗教对自身的阻力、反对宗教裁判所和火刑。中世纪的人对自己、对灵魂和器官知之甚少，对自然和自然的界限也了解不多——面对超出自己感觉的巨大奇迹，以及发生在身边的奇迹，在自身的精神与才智根本无法认识和理解的情况下，人所拥有的只剩下信仰。与中世纪相比，现代人知道得更多了，但我们也更深刻地认识到，我们还不知道（也许永远不可能知道）多少事情。我们发现自己处在一个中间领域，在认识的海洋中，有的知识正渐渐变得明亮起来，有的只是朦朦胧胧闪着光，有的则完全处在黑暗中。在这中间的境界里,我们也在信仰与怀疑、认识与预感、自信与深深的绝望之间徘徊。在工作的过程中,我也更清楚地认识到,基督教(无论好坏)在多大程度上与这一发展息息相关。这也是宗教在本书中所占篇幅很大的原因。当然不仅如此,我还了解到,年轻人(甚至所有人)如何被末世问题困扰着。我希望自己这方面的观点(包括支持的和反对的意见)都足够清楚地表达出来了。但我想再次强调,迷信、邪教、宗教极端主义及各种神秘主义的蔓延多么令我不安。无论我们多么努力地认识实际的东西,没有清醒就都是徒劳。因此,我不赞同现在流行的对想象力的过分推崇,幻想家和诱惑者已经够多了。

人类的发展史完全是一部寻求享乐的历史。这种对轻松的向往,后来简直到了如醉如痴的地步。相反,除了极个别的例外,主动寻找艰难费力的事几乎没有出现过。我们所有的努力都是为了寻找更多的轻松和解脱。为什么会这样呢?——一个以苦为乐的世界似乎是不可想象的。

最后还有一个无法回答的问题:在十万年后(这是短得可笑的时间长度)我们再回到这个地球上,人类的生命,所有的努力、仇恨、战争、热情和爱,还能保存下来多少?十万年?——也许仅仅一百年吧!我们能看到未来吗?也许我们情愿闭上眼睛,浑身战栗地等着死亡的降临。到那时谁又能在宇宙中讲述这个令人着迷的故事,谁来讲述在无声无息的荒漠中诞生的生命是怎样无可比拟地多姿多彩?它的丰富和伟大完全可以跟宇宙相比,其形式、色彩、命运、高潮、低谷、痛苦和欢乐同样不相上下。谁来讲述这种肆无忌惮地膨胀着的、也许最终吞噬了自身的生命？我们每一个人都曾是其中的一个小泡沫。谁又能——或者说又能给谁——讲清楚，"这一切"都曾经发生过呢？

最后，我要对所有帮助过我的人表示深深的谢意。首先要感谢我最可爱的妻子，此书是献给她的，她来自一个完全不同的、有其自身历史渊源的文化圈，她受的教育也与我们的完全不同。她以持之以恒的耐心帮助我整理和筛选资料，忍受我变化无常的情绪。是她帮助我解决电脑方面的难题，准备好研究的资料，制作图书目录。我还要感谢那些长年累月将自己的书籍无条件地提供给我使用的朋友（他们根本无法预料能否完整无损地收回自己的书）。最后我还要向慕尼黑的莫妮卡·霍夫科、吕茨·施泰因霍夫博士致谢，感谢他们为我提供的建议。他们细致地审阅本书，进行了修正和压缩，发现模糊或错误之处并鼓励我不断改进。最后当然还要感谢不计风险出版了这本书的出版机构。

一九九六年十一月
七十五岁生日时
于彭茨贝格

目录

第一天　走入神秘的进化公园 / 1

　　序　曲 / 3

　　太　初 / 15

　　智　人 / 25

　　冰河期 / 39

　　最早的城市 / 51

　　古埃及 / 57

第一晚　时间害怕金字塔 / 103

　　法老墓和希腊神 / 105

第二天　航向爱琴海 / 117

　　古希腊 / 119

　　伟大的体育盛会 / 155

　　民主的诞生 / 164

第二晚　哲学的星空　/ **193**

　　哲学家和妇女　/　**195**

第三天　无与伦比的帝国　/ **221**

　　古罗马　/　**223**

第三晚　真实与信仰　/ **255**

　　拿撒勒的耶稣　/　**257**

第一天

走入神秘的进化公园

序　曲

一座现代化的城市

三个年轻人笑闹着走下阶梯,来到一条花木扶疏的小街。穿过一个小广场和一条绿树成荫的小巷,就到了宽阔的大街上。

艳阳高照,一切都那么明亮。被绿化带隔开的马路上车水马龙,人行道上人们比肩接踵,商厦的橱窗里摆放着意大利女装、时髦的男装和皮革箱子。其中最抢眼的是,在人类首次登月的巨幅彩照前,摆放了一个身穿宇航服的模特;彩色照片的上方,地球闪着大理石般的蓝光,如同玉璧悬挂在天空。

高高的屋顶上,商用飞机在天空中划出一道道条纹。

路边的车站中一辆有轨电车正驶进站。"你们快点!"女孩喊道,"我们走吧!快点!变绿灯了。"

"来了,可去哪儿呢?"其中一个叫斯特凡的男孩问。另一个叫罗曼的男孩却不假思索地跟了过去。

"无所谓,上车再说。"女孩大笑着回答,她赶忙跑过街。"我们今天就撞大运吧,看看到底会碰到什么。"

她上了电车,罗曼和斯特凡紧随其后。

没有目的地的行程

车厢里人不多,大家赶紧找位子坐下。刚刚坐稳,车就开动了,斯特凡坐在罗曼和贝蕾妮克对面,但他的眼睛只盯着贝蕾妮克。她很漂亮,面色如同象牙般,俊俏的脸上那双黑眼睛闪着活泼的光,长而略卷的金发自然地披在肩上。这两个小伙子都爱上了贝蕾妮克,但是她对二人的友情却是不分厚薄。谁知她明天会做出什么选择呢?

斯特凡目不转睛地盯着贝蕾妮克,神情恍惚,就像在做梦。他一门心思地想:她难道不是非常有魅力吗?

贝蕾妮克的一只手支在座位上,罗曼的手也放在那儿,几乎与她挨在一起。她由着他这样做,毫不介意。

贝蕾妮克和这两个男孩差不多大,还没有完全成人,但也不是孩子了。很快他们就要参加中学毕业考试,自主的新生活即将开始。这天上午,他们在罗曼家里聚会,他是和父母住在一起的。罗曼拥有今天的年轻人所拥有的一切:用抽象画装饰的墙壁(尽管都是复制品),靠墙的架子上摆了许多书,旁边是立体声音响,还有一台彩色电视机——像当今所有的年轻人一样，世界发生的新鲜事他都不会错过。不仅如此，他们还可以通过个人电脑上网，跟地球上各个角落的人交流。如果他们想听音乐，就可以听CD、去摇滚音乐会或听巴赫和莫扎特。今天如此，明天也是这样，全看自己的情绪和心境。他们可以怀着同样的兴趣在美术馆里欣赏安迪·沃霍尔①的作品和哥特风格的画，他们读荷马和歌德，也读君特·格拉斯②和埃科③——偶尔还翻翻连环漫画。他们什么都能得到，对于他们来说，什么都是理所当然的。

在两个男孩中，斯特凡更瘦削也更机敏些，他是一个非常善于思考的年轻人，长着一头很有光泽的金发。斯特凡一直在克制自己的感情，试图说服自己这种冲动无非是荷尔蒙作用的结果，不应该太当回事，他不想被这种感情缠住，当然这种克制常常不太管用。他颧骨高耸，被同学戏称为"亚洲人"。那表情丰富的面孔和细长的眼睛的确令人印象深刻。他很难找到一副适合自己的眼镜，因为一般的眼镜在他那扁平的鼻梁上很难支住。

罗曼看起来则柔和多了，没有什么棱角。一头栗褐色的头发

---

① 安迪·沃霍尔（Andy Warhol，1928—1987），波普艺术的领军人物，关注通俗文化、流行符号，反对学院派和传统艺术。他的作品跨越多种媒介，包括绘画、丝网印刷、摄影、电影和雕塑，代表作有《金宝汤罐头》《玛丽莲·梦露》等。
② 君特·格拉斯（Günter Grass，1927—2015），德国小说家、诗人、剧作家、插画家、雕塑家。他的文学作品构思诡谲、情节怪诞，隐晦地探讨深刻的社会问题，1999年获得诺贝尔文学奖，代表作有《铁皮鼓》《猫与鼠》等。
③ 翁贝托·埃科（Umberto Eco，1932—2016），意大利哲学家、小说家、文化批评家，在学术方面主要研究欧洲中世纪美学和哲学，小说代表作有《玫瑰的名字》《昨日之岛》《布拉格公墓》。

像羊毛一样浓密，覆盖在那古典式的额头上。

出来玩之前，他们确实考虑过要干什么，不只是今天，他们还有好些日子哩，因为这是暑假。斯特凡望着窗外，那是一幅喧嚣的画面——到处是人、汽车和楼房。他脑子里突然冒出一个问题，便禁不住嘟囔了一句。

"你在想什么呢，斯特凡？"罗曼问道。

"没什么特别的，"斯特凡答道，"我刚才只是在想，为什么有些事物会存在。我的意思是，为什么世界不是一片虚无？"

"这可是形而上学的大问题，也是所有哲学的基本问题，"罗曼回答，"从来就没有什么标准答案，或许只有上帝能回答。"

"上帝？"斯特凡轻轻哼了一声，"那我可就得反问一句，如果真有一个全能的上帝存在，他能创造出一块重得自己也举不起来的石头吗？如果他举不起这块石头，那么他就不是全能的；而如果他不能造出一块他举不动的石头，那他也不是全能的！或者就像奥古斯丁①所说：'上帝要么不是全能的，要么是不仁慈的。因为如果他既仁慈又全能，他就不会给这个世界带来如此多的痛苦和残酷。'"

"天哪！你这愤世嫉俗的家伙！"贝蕾妮克嘲讽地打断了他的话。

"好吧，我现在不想再谈上帝了。"斯特凡让步了，"可是这

---

① 奥古斯丁（Aurelius Augustinus，354—430），也被称为圣奥古斯丁，早期基督教神学的奠基人物。他运用科学、哲学的精神完善了基督教信仰体系，著作极为丰富，对西方哲学和思想史产生了重要影响，代表作有《忏悔录》《上帝之城》《论三位一体》等。

世界究竟是从哪里来的？人到底是什么？我们为什么活着？我们要到哪里去？我们会变成什么？我越长大，就越无法摆脱这些问题。我活着到底是为了什么呢？这种毫无意义的浪费和生物进化的过程又是为什么呢？这种进化是有目标的，还是一切纯属偶然——我相信自己的感觉是有道理的——到底是什么把这个世界结合在一起？"

"从哪里来？为什么？到哪里去？"罗曼耸耸肩说，"这对我来说也是最重要的问题。也许我还要补充一点：什么是人——我们人类到底是什么？在这个地球上存在着生命的进化吗？如果有，它有目标吗？我能相信自己的思维吗？这些问题我答不出来。人死了以后还会有生命吗？灵魂和肉体是怎样结合在一起的？还有一个问题我也是百思不得其解：人的命运是上天定好的还是自己可以掌握的？当然，我相信生命的意义，但对于我来说它是一个巨大的谜。我不是理智地思考这个谜团，而是真切地感受到它的存在。"

"我为每天能感受到自己的存在而高兴，"贝蕾妮克大声说，"我担心的却是相反的问题。总有一天我会死的，这让我感到恐惧。但生和死是联系在一起的。"说着，她狠狠地甩了一下头，金发在空中转了半个圈，"出去走走看怎样？就随便逛逛，看看橱窗，或者找一个冷饮店，坐下看看过往行人，闲谈一番，然后我们再继续讨论。"

罗曼马上表示赞同，斯特凡也点了点头，他可不愿罗曼和贝蕾妮克单独在一起。

于是，他们出了门。三人坐在电车里，路旁的房屋从他们身旁快速掠过，外面的景色不断变化着，变得越来越单调，甚至有些不真实。

"我们现在到哪里了？"罗曼终于吃惊地问。

他们谁也不熟悉这个地方。渐渐地，车厢空了。只有驾驶员还坐在那里，可他也几乎像机器一样一动不动。此外还有报站的声音："终点站到了！"

随着一声刹车，他们冷不丁都向前倾了一下。

"下车吧！"贝蕾妮克笑着对两个男孩说。

这还是城里吗？迎面是被茂密的常春藤覆盖着的围墙，正中间是一座宽宽的大门。这里是入口，上面挂着一块牌子：

进化公园（EVO-PARK）

"这是什么地方？"罗曼嚷道，"是一处休闲场所吗？"

"也许是某个迪士尼乐园？"贝蕾妮克也不能肯定，"或者是一座展示生物进化过程的公园？"

"我还没听说过这种地方哩。"斯特凡接着说。

"在城市边上有这么大的一座公园，我们怎么都不知道？"罗曼自言自语道。

"照理说，这种地方应该有人大做广告，好好宣传一番的。这里会招来世界各地的游客，旅行汽车一辆接一辆。可这里怎么没见旅行车？停车场在哪里？"

"但这毕竟不是一片幻境，我们都看见它了。"斯特凡说，"我相信眼见为实。这里肯定是一个公共游乐场所。"

"进去看看？你觉得怎么样，妮克①。"罗曼问。

"当然啦！罗米②。"贝蕾妮克兴高采烈地回答。

斯特凡却有顾虑："等一等，这种公园门票一般贵得出奇，我想先问问价钱，也想知道里面到底有什么看头。"

"那儿是售票处，去问问看！"贝蕾妮克说着就跑了过去。她弯腰趴在窗口，想打听门票价格，斯特凡和罗曼在她后面等着。

贝蕾妮克还没看清里面坐着的一个小个子男人，就听见传出一个铃铛般的声音："门票是免费的！"

贝蕾妮克吃惊地缩回脑袋。"什么？免费？"斯特凡把贝蕾妮克轻轻推到一边，自己上前问，"今天是什么特殊的日子吗？还是有什么促销活动？"

"没有什么原因，先生。这里一直是免费的。您只需签署一份责任书就行了！"

"一份责任书？为什么？"

"啊，内容并不多，当然也可以说很多，关键在于您怎么看。责任书规定：在公园参观时，您有义务使用自己的理解力和判断力。"

听到这话，斯特凡有些高兴。他对这个用教训口气说话的小

---

① 贝蕾妮克的昵称。
② 罗曼的昵称。

个子说:"这可是人进入生活的前提!"

"没错,先生!可究竟有几个人做到了这点呢?"

"好吧!可要是我们签了责任书,却又没有履行,您会怎么处理呢?"

"那我们也管不了。"小个子用单调的声音轻声轻气地回答说,"我们只是想事前跟您指出这点。但如果您这趟参观毫无收获,也请不要抱怨;毕竟没有理解力您就什么也看不到,即使看到了也无法理解。"

紧接着他从窗口里递出三张表格:"每个人必须单独签,就像生活中那样。每个人都必须运用自己的理解力。"

斯特凡瞥了一眼表格,发现上面只有一句话。背面也没有一般表格上那种字印得很小的附加条款。"好吧,我们签!"说完,他就签了名。贝蕾妮克和罗曼随后也签了。

"就这些吗?"

"做到这点已经不容易了,"小个子说,"请进来吧。"

三个年轻人开心得大笑起来。看来他们真撞着好运了。

一位友好的向导

贝蕾妮克、罗曼和斯特凡溜达着朝大门口走去。大门被繁茂的常青藤覆盖着,看起来与墙浑然一体。但右边的门柱旁,从一片深绿色的叶子里露出一块牌子,上面有两行字,是用红色的、加了花饰的哥特式字体写的。

"等一等。"斯特凡走上前去高声读起来：

> Lasciate ogni alterezza,
> Voi ch'entrate！

"这到底是什么意思？"贝蕾妮克小声问，"罗米，好像是意大利语？"

罗曼酷爱看书，熟读经典，他解释说："这显然是改编自但丁[①]《神曲》中的一句话。在第三章中，但丁的引导者维吉尔[②]在地狱之门的入口说了句常被人引用的名言：'Lasciate ogni speranza, voi ch'entrate！'——你们这些进来的人，放弃你们的希望吧！"

"但这上面写的是：'你们这些进来的人，放下你们的高傲和自大吧！'"——突然，他们三人听到一个出其不意的声音，在此之前，他们谁也没有发现这个人的存在。他们不知道他从何而来，因为他们既没有看见他走过来，也没听见脚步声。这人大约五十岁出头，穿了一件不起眼的外衣，衣服像他的头发一样是灰色的。他身材瘦高，走路有点向前倾。此刻，他正微笑着看着

[①] 但丁（Dante Alighieri，1265—1321），意大利诗人、作家和哲学家。他是世界上最重要的文学家之一，与彼特拉克、薄伽丘并称文艺复兴"文学三杰"。他在《神曲》中对地狱、炼狱和天堂的描绘成为后世欧洲文学与艺术创作重要的灵感源泉。

[②] 维吉尔（Publius Vergilius Maro，前70—前19），古罗马诗人，代表作有《牧歌》《埃涅阿斯纪》等。他的诗歌在结构、措辞、韵律方面极为讲究，一直被视作范本，对西方文学产生了巨大的影响。在但丁的《神曲》中，维吉尔被塑造为引导但丁穿越地狱和炼狱的向导。

三个年轻人。

"这可大有区别，"斯特凡对这个人说，"我们很想知道该怎样理解这个要求。"

来人回答说："也许我可以做您三位的向导。"

斯特凡向他投去一个拒绝的眼神，就像一般人对待一个过分殷勤的陌生导游一样。

来人赶忙举起双手说："我分文不取，即使您给，我也不会要的。我也不会要别的什么，因为给诸位做向导将给我带来莫大的快乐。但无论如何请别对我太苛求，我可不是个万事通。进化是一个非常广泛的领域，任何人都不可能完全掌握它！"

"进化？"斯特凡问。

"没错，就像这个公园的名字。这个公园试图把人类的进化和演变，特别是人类社会的文化思想发展过程展示出来。当然，这里主要再现的是地中海地区的文化发展，这个地区的文化的确是十分重要的。"

"原来是这样，"斯特凡大声说，"不过，如果我们这次漫游就像但丁的《神曲》所描绘的那样，那么我们必须经过地狱和炼狱，才能最终到达天国。然而，对于人类所走过的路，地狱和炼狱也许会出现，但我很怀疑最终能否进入天国。"

"这个问题留待这次参观结束时再回答也许更合适。"来人和善地说，"当然这里所说的一切肯定都避免不了某种随意性。选择往往是偶然的，没有人能创造出完美无瑕的东西。"

"我们转一圈也就知足了，"罗曼说，"我们很愿意接受您的帮助。"

贝蕾妮克也对此人有了好感。"我们该怎样称呼您呢?"她问。

"就叫我塞内克斯好了。"

"什么?塞内克斯?白发老人①?"罗曼吃惊地问,"可您真的还没老到那个份儿上。"

"没关系,现如今称呼也不总是恰如其分的。在很多很多年以前,三十岁以上的人就被看作老人了。"

"这肯定得感谢医学的进步。"罗曼说。

斯特凡表示赞同:"好吧,我们就叫您塞内克斯。不过请先回答我一个问题:那牌子上写的是要我们放弃什么样的高傲和自大呢?"

"就是认为人类是万物之灵长②的想法。因为关于这个问题,诸位只有对宇宙和人类的历史有了了解之后,才可以做出判断。"塞内克斯继续说,"另外,我请诸位把文明的发展史和自然的发展史区别开来。在自然发展史中,人类只是其中的一部分,而且是微不足道的一部分。但文明的发展却是因人类而存在的,也是由人类自己书写的。人类是文明史的主宰,从这个意义上来说,人类的确是万物之灵长。但这不是人类骄傲的理由,因为文明史上也曾经有过许多疯狂的统治者,他们把人民推向苦难的深渊,历史上也充斥着由人类自己酿成的灾难。"

---

① 原文为 Senex,有白发老人的意思。所以罗曼才会这样问。
② "人类是一件多么了不起的杰作!多么高贵的理性!多么伟大的力量!多么优美的仪表!多么文雅的举动!在行为上多么像一个天使!在智慧上多么像一个天神!宇宙的精华!万物的灵长!"(出自莎士比亚剧作《哈姆雷特》,翻译引自朱生豪译本)

"人类不但毁灭世界,还把手伸向了大自然,"斯特凡说,"而且这种破坏是群体性的。"

"您说得对,"塞内克斯说,"也许在我们参观完公园之后就会认识到,这也属于进化的范畴——或者说,这种破坏所带来的后果也是进化的一部分。请告诉我,大家都叫什么名字?"

三个年轻人分别说出了自己的名字,并请塞内克斯以"你"相称,就像今天人们习惯的那样。

塞内克斯回答说:"十分乐意!"然后和他们一一握手。

"谢谢,现在我们进去吧!"

"还有一个问题,"斯特凡拉住塞内克斯的手臂说,"为什么?我们为什么要知道这些?"他问道,"我生活在今天,为什么非得知道从前发生的事?"

塞内克斯的回答简洁而又肯定:"谁不知道自己从哪里来,就无法确定自己想到哪里去!"

他用手指碰了一下门,门自动开了。

首先映入他们眼帘的是一块平淡无奇的空地,在它的尽头是一幢没有装饰的建筑物,像一座仓库,上面是一个光滑的金属圆屋顶。建筑物的入口有一行字:"宇宙的诞生"。

太　初

大爆炸理论

"先看看这里，哪怕是匆匆浏览一下。"塞内克斯建议，"我认为，让你们看一眼宇宙的深处是很有必要的。我们这里只简短地展示宇宙飞速发展的过程——当然，在宇宙发展这个范畴中，时间又算得了什么？"

"您从太初开始说起，"斯特凡说，"那太初以前是什么呢？"

"你知道的，这个问题没有人能回答！"他们走进一个黑暗的房子里，并在第一排坐下。随后放映的影片很快吸引了他们——在一块看上去无边无际的圆形屏幕上，演示着亿万年前所发生的事情。

三个年轻人感觉自己好像被一片虚无包围着，忘记了自己是在室内。其实，周围并不是漆黑一片，因为黑暗是指没有光亮，可这里不但没有光亮，也没有太阳，没有闪烁着的天体。

在这种时空的虚无中,他们几个人仿佛在经历着这场创造宇宙的大爆炸——包含所有能量的原始物质大爆炸。

是一百亿年前,还是两百亿年前?他们似乎跟着经历了宇宙大爆炸的过程,那是时空的起点。其中一部分爆炸的物质快速离开宇宙中心,而且越来越快、越来越远,它们组成了星云和星系,环绕一个中心螺旋式旋转,形成了数以十亿百亿计星球组成的银河。

三个年轻人迷迷糊糊地看着眼前发生的一切,贝蕾妮克坐在罗曼和斯特凡之间,她伸开双手,一边抓住一个小伙子的手,似乎下意识地在寻求安全感。

渐渐地,画面越来越集中。"在这种混沌中,银河系诞生了。"塞内克斯解释着眼前快速发生的一切,"亿万颗恒星中又出现了我们的太阳——在这个太阳的周围,在它的行星群中,也出现了我们现在生活的地球,地球那时还是一个火球。"

然后是一段思考的时间,也可以把这看成一个结束。塞内克斯说:"很显然那时候的地球上还根本不可能出现生命。我们走吧,刚才看的差不多够了。"

氮气组成的大气层

他们走出演示厅,外面的强光让人睁不开眼。"我从未感觉到天空是这样美丽,保护我们的大气层是这样宝贵。"贝蕾妮克大声说。

"我们根据大爆炸理论展示了宇宙的诞生，"塞内克斯说，"大多数天文学家都支持这种观点。他们也使用'单元'这个词，用来指时空具有独立的单元性。事实上，直到今天，人们对宇宙的起源还存在许多争论。不少人怀疑是否发生过大爆炸，甚至还有这样一种说法：宇宙不曾诞生过，它从来没有发生过任何变化。可不管怎样，大多数人倾向于接受我们所选择的大爆炸理论，因为它与许多现代知识和理论相吻合。1915年，当爱因斯坦发表他的广义相对论时，他也相信一个静态宇宙的存在。但到了二十世纪二十年代，美国天文学家哈勃发现了银河系以外星系的移动，让爱因斯坦也相信宇宙的确在延伸和扩大。河外星系和恒星不断出现、不断延伸，然后消失。再后来，在旧恒星消失的地方又出现新的恒星。空间在河外星系和恒星中延伸扩展，这样又形成了新的物质，这些物质填充着宇宙的空间。但请别把这种星系的运动想象成爆炸后的碎片在移动，它更像是混在发面团中的葡萄干。"

"您是说，它们之所以彼此分开，且越来越远，是因为河外星系所处的宇宙空间像发面团那样一直在膨胀？"

"说得对，贝蕾妮克。不是葡萄干自己在移动，而是它们随着面团在'飘动'。银河系只是给我们展示空间的延伸和扩大。"

"但是宇宙究竟有没有一个开始？它会不会有一个结束呢？"

"千百年来，人们一直在思考这个问题，斯特凡。印度最古老的宗教文献之一《吠陀》距今大约有近四千年的历史，在它的

第十卷中写道：'从前没有虚无，没有存在，没有空气，没有头顶的天空，没有死亡，没有永恒，没有白天和黑夜的标志。'①"

"那就是说，在宇宙诞生之前，既没有时间，也没有空间？"

"是的，罗曼。"塞内克斯点点头，"这种论断很有影响力，尤其在当时，这是一种了不起的思想成果。不但如此，卷尾还问到宇宙的创造者：'到底有谁知道，这种神奇的创造是从哪里来的？是如何形成的？是有谁创造了它，还是没人创造它？谁是这个宇宙的主宰？他无所不知，还是对此一无所知？'②"

"还说什么'对此一无所知'，"斯特凡嘟囔了一句，"我们永远也无法了解这点。因为没有谁知道这个开始之前是什么，而开始的开始之前又是什么——这个问题可以永无止境地问下去。"

"没完没了的流动，大爆炸，膨胀，一直到出现停止状态，随后又转回来，组合，收缩，组成新的能量——于是又出现新的大爆炸。"

我在这种无穷无尽中寻找上帝

罗曼呆呆地望着远方，一脸茫然。

---

① "无既非有，有亦非有；无空气界，无远天界。何物隐藏，藏于何处？……死既非有，不死亦无；黑夜白昼，二无迹象。不依空气，自力独存，在此之外，别无存在。"此语出自印度《吠陀》之第一部《梨俱吠陀》。

② "世间造化，何因而有？是彼所作，抑非彼作？住最高天，洞察是事，唯彼知之，或不知之。"此语出自印度《吠陀》之第一部《梨俱吠陀》。

"怎么啦？罗米。"

"啊，妮克，我在问自己，在这种没有尽头的循环中上帝是否存在。"他嘟囔着说。

"我们人类在这种无穷无尽中寻找上帝是徒劳的，罗米。"斯特凡说。

"不仅我们这个宇宙和它的亿万星系存在，而且可能还有无数别的宇宙存在。"塞内克斯解释说，"有研究者认为，有无数宇宙像气泡一样悬挂在一起。"

贝蕾妮克伸开双臂高叫道："我无法向你们形容，能呼吸空气、感受太阳和风，能够站在你们旁边看见树木和光明，这一切让我多么感动！"

塞内克斯连忙接着说道："悠着点儿，我们还没到达地球呢，在地球外层首先形成的是蓝色的氮气层。"

"然后，地球就带来了生命。"罗曼兴奋地大声说。

"这是我们本来要谈的题目，"塞内克斯对他们说，"所以我想只简略说说宇宙的起源。相对于从宇宙诞生到人类出现这段如此巨大的时间跨度来说，这样讲实在是太简练了。但无论如何，了解一下宇宙的诞生是很必要的，至少能让我们想一想自己是从哪里来的。我建议到那边去看看！"他指着屋前宽阔空地的边缘说。那边的斜坡上放着一把宽宽的长椅。

生命的起源

他们走过去，在一片开阔的水边坐下。这可能是一个湖，但是看不到它的尽头。湖水笼罩在一片朦胧的云雾中，而云雾看起来像是缠绕在地球上的大气层，又仿佛飘浮于万物之上的那种能产生万物并形成海洋及大陆的源泉。

"起初——大约五十亿年前，"塞内克斯说，"地球只是一团蒸气云，亿万个微小的颗粒（基本粒子和分子）组合在一起，渐渐形成了一个球形的天体，它慢慢开始旋转。由于越来越密实，它也越来越热，由此产生了化学元素。渐渐地，它把热量发散到太空。千百万年过去，直到它的表层凝固成岩石。"

"就像火山熔岩，它从火山中喷发出来，不知什么时候便成了能承载生命的土地。"

"是有些类似，贝蕾妮克。雨水不断冲刷石头，把灰尘和土冲到山谷，当太阳终于冲破缠绕在地球上端的云雾、照射到地球上时，地球上覆盖的主要是水。然后，在近四十亿年前，也许是很偶然地，原始细胞出现了，人类同别的生物一样，都源于这种原始细胞。"

"可是从没有生命的物质中怎么可能出现生命呢？"

"人们为回答这个问题做过许多努力，但它的答案大概永远只能在传说和推测中寻找了。最近还出现了一种假设，认为生命（或者说它的雏形）深深冰冻在宇宙空间中，又在太空中流浪。当它掉到一个适于生存的行星，就像种子播撒在田地里一样，生命的进化便开始了。由于在火星上发现了原始生命的痕迹,这种假设得到一定的证实。"

"那是一个十分轰动的发现!"

"生命为什么偏偏出现在这个星系中,罗米?"斯特凡问,"我有些难以相信,因为毕竟有千百亿个银河系存在。"

"然而,"塞内克斯继续说,"人们在地球上的海洋里发现了最早的生命遗迹,有了光合作用和呼吸。最早的原始细胞具备传播氧气的功能,根据进化论的原理,这时可能出现了利用氧气的生物。几百万年中,它们随着地球自转带动的海流漂流,在奔腾的原始海洋中繁衍、变化,哪怕这种变化是微乎其微的。"

"可是它们是通过什么而变化呢?"

"通过生物学上所说的突变,贝蕾妮克,通过遗传过程中的小小失误而产生变化。随着对周围环境变得越来越敏感,它们存活的机会大大增加了。动物的生命取决于自保的本能,而生物对周围环境的一切感觉则都取决于它生存和延续的需要。我认为,你们需要认识到,人的认识能力(这一生物进化的顶点)也是根据同样的选择标准发展的。"

"您是说我们的认识能力也因此总是受到限制?"

"可以得出这种结论,斯特凡。不管怎么说,只有坚强而又有韧性的生物能够生存下来并得以繁衍,与此同时,无数其他生物因无法适应环境的压力而灭绝。这样,自然淘汰和选择的法则开始了,它毫无妥协和怜悯之心。存活下来的生物有的留在海底,有的在淤泥中生根并逐渐进化成植物。然后,它们中的大部分爬出海底，进入森林般的水生植物中，绕在海藻上盘旋游动。最早的鱼出现了，它们在水里游来游去寻找食物。于是，海洋里的生命越来越多！"

"可您刚才说，有植物在淤泥中生根……"

"是的，生命从海洋冒险进入陆地，首先是植物，随后是动物。它们不断占领新的领地，先是沼泽地和淤泥滩。它们必须在空气中存活，因为空气比水要轻得多、薄得多。从这些生命中生成了灌木和树，它们有的变成了花。"

"花把色彩带到了世界上。"贝蕾妮克兴奋地说，她的脸颊泛起微微红晕。

"色彩不仅仅是花带来的，但毕竟有了花就有了更多的色彩。"塞内克斯指着远方一道黑色的条带，"你们看，"他大声说，"在那里，在我们几乎看不见的地方，有很大一片茂密的原始森林，森林后面是热带稀树草原①。各类物种出现了。"

"您说的是什么意思？"罗曼问，"各类物种——有动物吗？"

"是的，有动物。两栖类、爬行类都有，蜥蜴、鸟……最终，一个崭新的物种登上了舞台。它们用乳汁哺育后代，全身长满了毛发。它们把卵放在自己体内，这样生命生存下来的希望更大。幼崽从父母那里学会了怎样在充满危险的生存环境中迈出第一步。在这种哺乳类动物中，有一部分比其他动物更擅长找到食物，在寒冷的季节和危机四伏的夜晚，它们也更知道

---

① 稀树草原，又名疏林草原，是一种稀疏乔木与草原交错的过渡性植被类型，比森林草原更为干旱。

怎样保护自己。它们学会了用前足拿东西,并长出了爪子,这种爪子和我们的手有点类似。"

"您是说灵长类动物?"

"是的,斯特凡!但是,它们的出现在整个生物进化过程中实际上是很晚的。幸运的是,当大片森林消失时,终于有一种生物找到了一条摆脱灾难的出路,这些距离我们很远的祖先学会了直立,并穿过了热带稀树草原。"

"它们是怎么做到这一点的呢?"

"人们原来认为,我们祖先的祖先学会直立,是因为它们需要用手去使用武器和工具。而实际上,最早直立行走的人在大约五百万年前就出现了——早在人类的才智飞速发展、在使用工具方面取得突破性进展以前。对于它们来说,直立行走不仅仅是为了腾出双手使用武器和工具,更是为了收集植物的种子。它们靠坚果、水果、昆虫、带皮毛的动物、鸟蛋和其他小生物维持生命。当然直立也使它们能更好地越过灌木丛看到远处。它们是最早的类似人的生物。我终于说到了'人',"塞内克斯大声说,"因为到人的出现经历了太长太长的时间——而我在这里讲述这一漫长过程所用的时间又是那么不相称地短。但是,我总算讲完了。我们的祖先也通过直立行走成了最成功的猎人,他们能够适应各种气候条件。他们了解到和别人在一起比独自一人更强大和安全,于是很快在家庭和部落外组成了新的团体。"

"我们保留了这种习惯!"斯特凡高声说,"今天放眼望去,到处都是团体:国家、联合体、信仰团体——这其实是人类在浩瀚的宇宙中寻求自我保护的一种方式。"

塞内克斯继续说:"他们没有自卫能力,为了能在热带稀树草原存活下来,必须依靠共同的警觉和行动。"

"他们怎么会没有自卫能力呢?"

"在当时所有那些穿过荒野、聚居在地球上的生物中,这些史前人大概是最没有自卫能力的。那时,他们还不会使用语言,没有工具、住房、衣服,也没有火。所以,群居生活对于他们来说才如此重要。他们最多算是猎人,或者说是采集和收集的人。他们彼此之间分工协作。还有一点——这种直立行走也有不利的方面,而这些不利的方面又重新促进了社会行为的发展。"

"不利的方面……他们没有四足动物跑得那么快?"

"是的,但是这能促使他们群居。这样,他们便更能免遭虎豹和土狼的侵害。还有一点特别重要:由于在奔跑的时候不再需要手,他们就可以抱着自己的孩子,或者把食物送到孩子和老人藏身的洞穴中。"

智　人

我们的祖先和语言的奇迹

"我们那些生活在几百万年前的祖先，大概已经具备一定的思想，只是还没能用语言表达出来。他们已经可以制造工具，但思维可能还停留在生活的瞬间里——在人可以左右自己的思维之前，他们只是为眼前的瞬间活着。他们无法回忆起小时候的事，也无法憧憬未来。他们发现危险或找到猎物时，会用叽里咕噜的叫声发出信号。这种叽里咕噜的叫声在成千上万年中以一种多样的、变化无穷的，有时甚至是诗意的方式演变成了语言。也许最早的语音与动物的求偶声类似，想想以前那生机勃勃的荒野中许许多多的警告声、惊叫声，想想那些动物妈妈怎样呼唤自己的孩子，发出各种咯咯嘎嘎叽叽咕咕的声音……"

"比如一棵树上的猴子跟另一棵树上的猴子相互'交谈'，"斯特凡笑着插嘴说，"很像我们今天的聚会和聚餐。"

"猴子肯定也在传递着某种信息,只是我们听不懂。这些都是人类语言的最初阶段,而在今天,一个普通的人掌握几百个词语就能够表达自己的想法。人类最早的词语肯定是激动的叫喊声。他们发现自己的声音能够被别人理解和重复,于是不断更正、补充,描述身边的事物和行为,指示自己和交流的对象。简而言之,最初的人类已经具有直立行走的能力和一些社会行为方式,能人①则开始运用工具,直立人②发现了火,智人发明了语言。"

"但我们无法理解他们的语言。"斯特凡说。

"这不仅仅是语言的问题,他们关心的是完全不同的事物。最早的语言是偶然出现在某个群体中的,而这些群体的组成往往是为了繁衍更多的后代和更好地抵御野兽侵害。成年人一起外出寻找食物,他们首先考虑的是怎样才能活下去,怎样才能摆脱饥饿。最早出现的语言肯定是谈论经常要遇到的问题,比如在哪可以找到猎物、哪里有水、天气怎样、抱怨自己的病痛等等——当然也总会谈到自己的某些壮举。他们吹嘘自己的才能,说出自己的想法,为自己所做的事扬扬得意,也为自己的病痛哀伤哭泣。"

"这些在今天也没什么两样,"斯特凡说,"谁的想法又能超出自身呢?外在的事情也许在变化,但是主题和内容仍然是一样的。"

---

① 灵长目动物中最早被认为是人类的生物,生存于距今250万—160万年前。
② 可直立行走、制造石器的人类,生存于旧石器时代早期,北京人、元谋人等都属于直立人。

塞内克斯继续说:"当然,对于人类来说,语言的作用首先是让大家能够交流对事物的看法,彼此警告,互相提醒猎物的存在。但是有一点是非常重要的——语言教会了人类区分你和我。由此,'人'便开始作为独立的个体去感受事物,这最终发展为我们今天所说的人的个性。从此,人不仅学会了去感觉事物,还学会了用语言把这种感觉表达出来。更重要的是,语言锻炼了人的思维能力。不存在没有语言的思维,人不能用感觉、感受和本能进行交流。语言,即有词语概念的思维使类人猿变成了智人、有知解力的人,以及后来被称为有思维能力的人。当人知道如何回忆往事时,他也就具备了营造内心世界的能力。他能为自己做计划,发现自己的历史。突然间,他面前出现了一个全新的精神世界。语言给人的思维能力带来了革命,使人能从直接的现实世界中解放出来,并获得了记忆能力。对所发生的事,人们不再只是被动地做出反应。语言使人重温过去的经历,同样使人勾画未来的蓝图。语言还使人能够思考自己的存在,使具有自觉力的人类精神得到了发展,它已经远远超越了交流工具的范畴。所谓的自我意识、细腻的情感和记忆能力,都只有通过语言才能够产生。这样,人就可以思考,并在记忆深处分析自己的行为,用语言表达自己的瞬间感受。直到这时,充分发挥人的知解力的道路才变得畅通无阻。"

"这点我明白了。"贝蕾妮克说,"但是,进化是如何使物种逐步适应环境,并向着更完美、更高级的形式发展的呢?"

"也许对生活经验的某种反馈产生了遗传因子———一种对生

活经验的继承,通过这种方式才逐渐出现了越来越完美的人。"

"啊,罗米,"贝蕾妮克说,"如果生活经验的传播真是为了使人能进化到一种更全面、更完美的程度,那么,一定是某种有意识的意志引发了这一切。"

"你想到了上帝,妮克?"

无条件的基本原则

"我们不必认定这是造物主的意志,"斯特凡说,"它也可以是世界本身所固有的,它是一种原则,一种与世界密不可分的原则。这种原则蕴含在宇宙万物的基因中,甚至在原始物质中就已经在起作用。这样一种原则是一种无条件的基本原则,世间万物都依凭它而存在,无论是宇宙、天体还是地球上的植物、动物。"

"这真是睿智的想法。"贝蕾妮克说。

"只是在我看来太浪漫,或者说太有实证主义[①]色彩了,"斯特凡有保留地说,"它直接指向上帝和造物主的存在。我终于明白了。达尔文[②]已经驳斥过所谓正面的生活经验反馈到胚胎细胞中的论点。根据他的进化论,物种通过偶然出现的、能够更好地适应环境的生物而产生变化,这些生物存活下来,并把它们的特

---

① 实证主义是一种以"实际验证"为中心的哲学流派,强调从观测到归纳的认识方法。
② 达尔文(Charles Robert Darwin, 1809—1882),英国博物学家。他提出了"物竞天择,适者生存"的思想解释物种起源,奠定了现代进化论的基础。

质遗传给后代。"

"那么，区别在哪儿呢？"

"就在'偶然'这个词中。纯粹偶然的事件让部分生物能更好地适应生存环境，并将这种特点一代一代传下去。进化在我们今天看来就是自然的选择和淘汰。后面在我们谈到达尔文时，会更详细地讨论这个问题。"

"达尔文理论中最重要的是什么？"贝蕾妮克问。

"达尔文认为，进化是以物种偶然的变异为基础和依据的，在这些物种中有一些被证明特别强壮，能够存活和繁殖，"塞内克斯回答说，"在进化过程中经常出现的现象是，本来是为了某一目的而生长的东西，后来又有了别的用途，比如羽毛，最初的生物长出羽毛肯定是为了保暖，后来却发现它更适合飞翔。美感也不是人生存所必需的，这类在生物的进化中并无功利性的东西比比皆是，人们不知道它们的出现到底有什么用途和意义。生物的进化也有附带的作用，如鸟类是从不会飞行的生物进化而来的，我们人类又是从用四肢爬行的灵长类动物进化而来的。再回想一下，在很久很久以前，所有的生命都是从原始细胞中诞生的，每一种生命的细胞都来自其先辈，由此在一种不中断的链条中与过去最早的起源联系在一起。达尔文所说的自然选择和淘汰，是指将那些被证明有用的、具有生命力的特质传给后代。我们今天至少知道上千万种动物，将近两百万种植物，更别说那无数的真菌和单细胞生物。从灵长类动物进化成直立人至少经历了十万代，而人从单纯的采集者和猎人进化到有高技术头脑的人最多只经历了四百代。"

"进化总是带有保存物种的意图吗?"罗曼问。

"不,生物的进化过程没有什么意图,也不存在某种保护物种的原则,只有淘汰和选择,在这种选择中生物会一代比一代更好地适应生存环境。生物物种就是这样非常缓慢地发生变化的。人类的脑容量也在进化中增加了三倍。然而,我们使用大脑是为了完成完全不同的任务,而不是物种的进化。"

"如果我没理解错的话,生物进化从根本上来说是一个相当简单的过程,"斯特凡说,"生物把各种各样的子孙后代带到这个世界上,最强壮的生存下来并进行繁衍,而同时,那些弱者就自行消亡了。"

"是这样,不过我们扯得太远了,对此十九世纪曾出现过非常激烈的讨论。今天人们喜欢用'跨越式发展'这个词——从黑猩猩到人,或者更具体地说,大脑从仅仅能分辨声音进化到具备语言能力。人类最早的信仰意识肯定也是同时产生的。"

"最早的人类信仰什么?"贝蕾妮克问。

"对于他们来说,整个自然都是有灵魂的,我们称之为泛灵论(Animismus),这个词出自拉丁文'anima'——'灵魂'。最早的人类相信,人对自然之神的每一次亵渎,对树木、河流或动物的每一次侵犯,都会受到惩罚,只有通过祭品和祈求上苍来赎罪。他们迫切希望能以此与自然讲和,并相信这样做能使他们的灵魂不死。他们永怀希望,相信自己的灵魂与动物、植物和河流本质上是相同的。——信仰产生于希望。他们认为死者的灵魂会影响生者的生活。很早以前,他们就宁愿相信有造物主的存在,相信他们所处的世界有一个独一无二的主宰。他们的那个世界比我们今天的世界要小得多得多,因为对于他们来说,世界就是他们能看见和走到的地方。"

"在我看来所有宗教都是知识的初级阶段,"斯特凡说,"它们诞生于人类的童年,所以常常带有儿童般的幻想。"

"这也正是他们的长处,斯特凡,"罗曼说,"铁器时代的人也一定具备和我们一样的智慧,只是在知识和技能训练方面不如我们罢了。正因为如此,他们才能拥有丰富的经验,而这些经验是现在的人无法拥有的。尽管在自然的威力面前他们常常缺乏自我保护的能力,但是他们却能更好地按自然规律生活。他们不知自己从何而来,也无法想象世界的边际。为了解释这一切,他们为自己创造了上帝。至少我是这么想的。这种特性在今天的人身上依然存在,它是所有宗教的基础。"

"思想家利希滕贝格[①]认为,说上帝根据自己的样子创造了人,实际上意味着人类按自己的样子创造了上帝。我觉得他说到了点子上,所有的宗教都是人类创造的。每个不断变化着的客观世界都会要求出现一种新的宗教、一个新的上帝。"斯特凡说。

"现在让我们继续以一种真切的方式来探讨人类的发展吧。"塞内克斯要求道,"你们看见那边的灌木丛了吗?我们过去。不过,在此之前,我先去小货亭取些食物,以便我们在公园散步时

---

① 利希滕贝格(Georg Christoph Lichtenberg,1742—1799),德国启蒙学者,杰出的物理学家、讽刺作家,也是德国首个专攻实验物理学的科学家。

不挨饿,当然我们也不能渴着!"

他走到一个小货亭前,里面递出四个小袋子。他们各自将袋子挂在肩上。

最早在北非狩猎的人

他们带着食物上路了。当他们走过灌木丛时,看到的是一派全新的景象。站在高处,脚下是一片绿色平原,丘陵交错其间,一直延绵至地平线,在很远的地方隐约有湖水在闪烁。

"那是生命之水,"塞内克斯指着远处的湖解释说,"哪里有水,哪里才会有生命生根。"

他们看到有些地方树木成林,到处是成群结队的动物,其中最引人注目的是优美的羚羊。

"多漂亮呀!可是在这个公园里怎么会有一块这么大的平原呢?它差不多跟非洲的某个动物保护区一样大了。"

"是这样,贝蕾妮克。你们可以想象自己是在北非。"塞内克斯回答说,"你们对什么都不要感到奇怪。在幻想中一切都是可能出现的,可以超越空间,也可以回到遥远的过去。现实究竟是不是我们自己想象出来的——这是哲学最古老的问题之一,不过我们眼下先不讨论它。现在,请你们想象一下,人类最早的故乡是什么样子?"

"这应该是什么时候?"罗曼着迷地看着下面的平原说。

"大约在两三百万年前。从那时到现在,动物几乎没什么变化。那时的猎人也和今天一样捕获羚羊,不过他们大概不会把我们现代人当作自己的同类看待。"

"那里……看那儿……那里有人!"贝蕾妮克兴奋地大声叫喊道。他们看见了某种也许可以称为人的生物。他们有着黑色的皮肤、长长的毛发,虽然腰有些弯,但仍然算是直立行走的。他们的口鼻向前拱起,双手呈环抱状,显然是抱着东西。

"他们大概有多高?"

"大约一米五二,"塞内克斯解释说,"他们靠植物和小动物维持生命,使用石锤、石斧之类的最原始的工具。他们把这些工具当成武器,或是用它们来剔肉和切肉。那时,他们大部分时间是猎人和采集者。如果我们把地球近五十亿年的历史浓缩成一年,那么,历史上最早的人就出现在这一年最后一天的午夜前最后几秒钟。"

"不可思议,这种看来与动物十分相似的生物,后来居然能变成思想家、科学家、数学家和艺术家。"贝蕾妮克想。

"这正是进化的秘密,也就是人类大脑进化的秘密。"

"可到底是如何进化的呢?"

"这些早期人类必须和相邻的其他人群争夺资源,在此过程中,他们对环境的掌控能力增强了。那是生存条件极端困难的时期,而他们的求生本能也极强。这样,他们所面临的巨大困难便迫使他们愈加依靠自己的头脑。与此同时,许多别的动物纷纷退出历史舞台,因为这些动物无法通过才智来弥补自己在大自然面前的无助。人类因为拥有一个巨大且有组织的大脑而做到了这一点，只有这样，后来他们才能抵御铁器时代的危险，经受冰川和长达一个世纪的严寒。为了生存下去，他们必须更周密地考虑问题，这样才能免遭灭绝。但是现在我们还是先回到非洲吧……"

"您是说人群与人群互相争斗？"罗曼问。

"是的，从中我们也可以看到人类好战本能的源头。"塞内克斯回答，"我们的祖先绝不只是友好的采集者和狩猎者。虽然其他动物也互相厮斗，但是它们不会发动战争。只有人类能够有计划、大规模，甚至兴高采烈地去屠杀自己的同类。人类具备和平相处的能力，但同时，战争也是人类最重要的发明之一，这种发明后来甚至演变成了一种成就。人类最早的历史记载就是关于斗争的英雄故事和神话传说。这些神话主要围绕谋杀和屠杀，赞扬英雄怎样克敌制胜。但我们此刻看到的这些人类祖先几乎还没有意识到自己的存在。他们对时间和空间一无所知，没有小时和年的概念，只知道白天和黑夜的交替，经历着自己的成长和死亡。"

"他们把一切都当作既定事实来接受，我们今天不也是这样懵懵懂懂、无忧无虑地打发日子吗？"斯特凡并没指望谁来回答自己，因为这与其说是个问题，倒不如说更像一个结论。

塞内克斯继续说："除了大脑以外，人的整个身体也在变化：手、眼睛、脚和牙齿。原始人的各种天赋和为实用而生的诸多特性像马赛克一样拼凑在一起，这使他们超越其他生物。"

"放下你的高傲和自大。"斯特凡重复了一遍公园入口处的忠告,"可这也许算是值得骄傲一下的原因吧!"

"人类过去是什么样、将来会变成什么样,并不是我们的功劳,而是神秘的生物进化的结果。"塞内克斯回答说。

"我觉得有点冷。"贝蕾妮克说。

大迁徙

随着时间的推移,眼前的景色发生了巨大的变化。绿色的山谷消失了,一切变得荒凉又贫瘠。

"现在,请你们想象自己处在欧洲的心脏。"塞内克斯说,"非洲的热带稀树草原已经不能养活越来越多的人口,人如果不想饿死,就必须迁徙。他们不断往远处走,分散到地球的各个角落,直到爪哇国、中国。"

"可人为什么要从非洲往北迁?北部要冷得多啊!"

"是的!你们看,那里的人都围火而坐。"塞内克斯大声说,"他们当时还只知道保存火种(这些火种是大自然通过雷电和火山爆发送来的),还不会自己取火。他们把被雷电击着的正燃烧的树枝取回住处。有了火,生存就多了一份保障,因为火不但可以烤熟捕获的猎物,而且能抵御冬天的严寒,帮人避免野兽的侵害。火成为当时人们取暖和繁衍生命的中心。谁拥有火,谁就有了生机。"

"他们是怎样学会驾驭火的呢?"贝蕾妮克问。

"这个问题我们无法回答。有些研究者认为，人类很快就掌握了火的使用。因为每一块烧着的木材都会有熄灭的时候，也许被雨浇灭，也许一不留神就熄了，无论怎样细心看管都很难避免这种情况，尤其是在深夜或人很疲劳的时候。火熄灭了，人就觉得失去了安全感，容易受到伤害。为了生存下去，他们必须马上想办法找到新的火种。很难想象人是怎样想到用树枝摩擦生火的。不管怎么说，火使人类开始了一种新的生活。这时，人也拥有了更多的食物选择，部落里的老人和孩子也很容易参与到寻找食物的活动中。人学会了用火保存食物，把食物挂在小茅棚里用烟熏。在保持健康方面，人也从火那里受益匪浅。他们用火烤干自己的毛发，这样就不会经常生病；火带来的烟还可以驱赶蚊虫。总之，火对于人类的意义重大，再怎么强调都不为过。大约在七十多万年前，也许比这更早，人类就掌握了火的使用。它成了群体生活的中心。只有到这时，人们才真正感到自己是人。"

不远处，一群人围坐在燃烧着的柴火堆旁，一些人伸出手取暖。柴火堆上正烤着一只去了毛的动物。那些人欢快地闲谈、大笑，互相拍拍腿，一会儿又拍拍肩，而四周却响起来自荒野的动物威胁声，可怕的尖叫声、咆哮声。

"大部分动物都是他们的敌人，"塞内克斯说，"但这些动物也是他们捕杀的对象。"狼群悄悄靠近，马上有人把烧着的树枝向它扔去，驱赶它们。"人们视火种如珍宝，悉心守护着，"塞内克斯继续说，"如果火熄灭了，他们会马上使劲把微微泛着红光的木头吹燃。"

围火而坐的那群人浑身长着长毛,男人都有胡须,他们把毛发撩到背后,看起来就像类人猿。他们正在烤肉,不时从燃烧着的火中取出大块的肉送入嘴中。

"看来,人大概很早就学会了生火,也许是用火石,也许像今天的开路者一样,将小木棍在牛皮上飞快一擦。不管怎么说,有了火,人类就成了自己生命的主宰。由此我们可以把生火看成人类最重要的发明。只有火能使他们在这种寒冷而又荒凉的环境生存下来。"

塞内克斯指着放在一旁的长矛和木棒说:"想想海岸上的大鱼叉,就是这些工具——这些最初用来狩猎和争斗的武器——赋予了人更多的生存机会,也给人类带来了许多优势(至少相对于其他动物而言,有了更多优势),他们很需要这种优势。当然,我们对过去事情的了解是很不全面的,因为所有软性材料,比如木头、木制的长矛、筐子和其他物品都没有保存下来。保留下来的都是些坚硬的物质,比如骨头、石器工具和某种器皿的碎片;而我们对于过去的所有想象,都是由这些坚硬物质形成的。这些印象往往是不完整的,有些甚至是错误的。"

"可是人类为什么要从非洲来到这蛮荒之地呢?"贝蕾妮克又一次问道。

"他们之所以往北走,可能是因为在这里能找到更多的食物——大量的猎物。这里有犀牛、羱羊、鹿、野牛、洞狮和洞熊,以及重达半吨的危险猛兽。还有獠牙高高翘起的猛犸象,人类猎杀它,又把它当成一种神灵来崇拜。数量最多的是欧洲野牛、野马和驯鹿。"

鸟群掠过长满茂密灌木的山岗。"这些猎人与他们的孩子一起生活在小群体中。"塞内克斯继续说,"为了全年都能狩猎,他们必须跟随兽群集体迁移。他们把简便的帐篷和茅棚当作庇护所。"

"我觉得很冷,"贝蕾妮克打着哆嗦说,"我都快冻僵了。"

冰河期

严寒的恩赐

塞内克斯指着身边的一堆东西说:"这里有兽皮。"

他们把兽皮裹在身上,贝蕾妮克拿起挡风帽包在头上。已经开始下雪了,很快,眼前的平原和丘陵都消失了。土地和树木被一层厚厚的积雪覆盖着。

"你觉得冷毫不奇怪,因为我们现在经历的是冰河期的开始。"塞内克斯解释说,"冰河期一共有三个阶段,它们彼此相连,但每一个阶段都十分漫长。它大概开始于一百万年前,而结束时大约是一万年以前的事了。冰河期是一个巨大的时间跨度。在如此漫长的时间中,人(现在可以称为'人'了)发生了根本性的进化,变成了和今天一样的人。从此以后,人类的身体和头脑就几乎停止了发展。

"因此,今天的人还保留着很多石器时代的行为模式,其中一些几乎毫无用处，甚至还会产生危害。"

"您说石器时代……"

"是的，在经历了冰河期以后人类进入了石器时代。那时的人类学会了更好地使用工具，生物学意义上的进化也停止了。也就是说，此后人类几乎没有身体上的变化了。他不再需要用坚硬有力的拳头去砸开坚果，他会用石头，甚至用锤子去砸东西。由此，在生活中拳头有力的人不一定更强，那些体力稍弱却善于使用工具的人则更有优势。因而'进步'，或者说'进化'，就从生物体转移到了其他事物之中，因为这些事物更能帮助人战胜环境中的困难。此外，人还学会了在寒冷中储存动物的肉。有了动物皮毛做衣服，又有了火，人能够更好地维持自己的生命。大部分人已经住在洞穴里了。由于有了语言，人能与同类交流，也就可以请求比自己更强大的同类帮助——我们的祖先学会了越来越频繁地运用思维。

"人类在冰河期所发生的变化和取得的进步比任何一个时期都大，因为在如此艰难的条件下，为生存而斗争充满了危险，也因此极富挑战性。"

"不幸中的万幸！"

"是的，可以说是厄运中的恩赐，罗曼。在这个时期，人的行为也发生了变化。人们发现追捕一群动物比追捕一只动物收获更大，于是他们会牢牢盯住发现的动物群，再通知自己的同伴一起外出捕猎。这样，人也渐渐成了这些动物的'放牧者'，把它们当成流动着的食物储备。另外，科学界认为，人类从把植物当食物过渡到靠动物生存，所摄取的动物蛋白对促进大脑的发展有着非常重要的作用。这时人们能用语言互相交流，文明开始出现，而文明的出现又推动了语言和思想的进步。享有特权的阶层形成了，他们中出现了崭新的身份类型：祭司、贵族和工匠。

"此时，人的精神世界得到了丰富。由于已从为生存而进行的艰苦斗争中解放出来，人们不再只为食物忙碌，可以思考些新的东西。这一切带来了相当大的影响，你们很快就会看到。"

眼前的景色又变了，厚厚积雪已经褪去，有些地方还有冰和白色的小点。在一座峭壁上，有一块岩石突出来形成一个天然顶棚。树桩围成一个半圆形，上面铺盖树枝和兽皮，这样就出现了一所房子。房屋里燃着一堆火，身披兽皮的人围坐在火旁。如果不是身上的衣服和杂乱的头发，很难将他们与现在的人区分开来。浓浓的烟雾从屋顶上面的一个洞口冒出去，升腾到寒冷的空气中。

"我想让你们看点别的，"塞内克斯高声说，"我现在可真有点激动了。"

人类发现了一种新的天赋

塞内克斯兴致勃勃地跨到一个圆形的洞口前，从洞的上方取下一块小石头。它的形状像一盏油灯，里面装满了油脂，刺柏木的灯芯不断燃烧着，发出柔和的光。塞内克斯将小灯高高举起，嘴里嘟嘟囔囔念叨着"多么神奇的进步",然后弯腰走进洞穴。

贝蕾妮克、罗曼和斯特凡跟在后面,他们既觉得好奇,又感到庄严和隆重。

"看!"塞内克斯高高举起油灯。亮光渐渐照到洞壁上,在微弱而又忽明忽暗的灯光下,他们看到了石壁上的动物轮廓。这些图案是一笔一笔画上去的,有马、公牛、欧洲野牛、羱羊、驯鹿、成群的母狮、披毛犀,还有鸟、猫头鹰、鬣狗,甚至有想象中的生物,如神话里的怪兽或抽象的符号,以及动物身体的某个部位,如耳朵、尾巴、角、獠牙、鬃毛和爪子的轮廓。有些是黑色的,有的则是用红色的氧化铁画的。

"太神奇了,"贝蕾妮克叫起来,"线条描绘得多么精准,这图案、这颜色简直不可思议!"

"我现在感觉好多了。"罗曼说着便把他的手搭在贝蕾妮克的肩上。斯特凡用带着些许忌妒的眼光看了他俩一眼,罗曼马上察觉到了,连忙把手从贝蕾妮克肩上拿下来。"只有到了这里,我才觉得人真正是人了。"他说。

"是的,"塞内克斯说,"只有当人不再仅仅为了生存去拼杀时,他才开始审视自己、表达自己,甚至赞美自己。"

"这些洞壁上的画和当代艺术家的作品差不多。我曾经在一本书上读到过,人们把毕加索[①]称为石器时代的人。现在我明白这句话的意思了,他的某几幅作品与这里的壁画确实有几分神似。"

---

① 毕加索(Pablo Picasso,1881—1973),西班牙艺术家,作品涉及油画、版画、雕塑、舞台设计等多个领域。他是立体主义的创始人之一,也是20世纪最重要的艺术家之一。

斯特凡也在专注地看着洞壁上的画:"现代画家常常从原始社会'同行'的作品中获取灵感,他们深受这些作品的启发,雕塑家也是如此。"

"那时候的人为什么要在洞穴壁上画这些东西呢?"

"没有人知道答案,贝蕾妮克,"塞内克斯回答道,"我们总是靠推测来解释许多事情。也许他们是想对捕获的动物施咒,或者他们相信把动物画下来就能征服它们,再或是为以后遇到这些动物的危险做准备。无论怎样,在这些作品中,人第一次运用了一种只属于人类的能力——想象力,并且创造性地使用了这种能力。"

他们看见了一个简易的木架子,上面蹲着一个男人,头发散乱地披在背上,身旁的松木发出一点光亮。他正在用一块削尖的火石在侧壁上刻下一头牛的形状,又用食指在一个木头容器里轻轻沾了一下,把棕红色的土质涂料抹在画好的轮廓里。

"为了增强画上颜色的浓烈程度,原始艺术家们经常用手涂抹颜料,"塞内克斯解释说,"这里开始出现前所未有的东西——艺术。"

"这大约是什么时候?"

"据推算,最早的绘画大约出现在一万九千年前——或者更早,贝蕾妮克。在大约三万五千年前,人类对美的意识就开始觉醒,那时就出现了用穿孔蜗牛壳和白狐牙做成的项链、挂在项链上的滑石吊坠,甚至有小型象牙雕刻。今天人们常常谈到旧石器时代的文化爆炸,这些画大概就是在这一文化蓬勃发展的时期创作的，该时期跨越了将近一千年。带有壁画的洞穴也被称为石器时代的西斯廷教堂①。"

"这是什么意思？"

"请允许我先不回答这个问题，贝蕾妮克，"塞内克斯说，"我想再说一些关于洞穴的话。许多地方都有这样的洞穴。当然，有的洞穴没有这种神奇的绘画，在其中一些地方，人们发现石壁上刻着一道道划痕，我们可以把这些划痕看成记数用的，因为数——或者说有此类用途的概念——比文字的出现要早得多。这一道道的划线绝不是毫无意义的胡刻乱画。我们从中可以看到最早的有形式的思维，也就是文字的开始。人们也把这些刻画出来的图形看作相互关联的图像故事。"

"石器时代的漫画？"

"是的，罗曼，这些画也许是基于某些传说为成人礼而创作的。然而这些神话传说早已失传，我们永远也不可能了解了。几千年以来，不断有人在洞壁上刻画图案，这些画变得越来越准确、越来越逼真。画的形式也从最初的简单转向复杂，其中的一些，我们今天甚至可以称之为表意符号，当然也可能是早期的日历，或是关于月亮周期的记录，因为洞穴不仅仅是古人寻求安全庇护的场所，也是他们观看星星的地方。待在这样狭小的洞里，能看到的只是天空的一小部分，所以反倒能很好地追踪星辰的移动。"

---

① 西斯廷教堂，位于梵蒂冈，以米开朗琪罗绘制的天顶壁画闻名于世，教堂中还有桑德罗·波提切利、彼得罗·佩鲁吉诺、多梅尼科·基尔兰达约等文艺复兴时期著名艺术家的作品。

"他们一定觉得月亮是一个巨大的谜，也许甚至把它当神供着。"贝蕾妮克说。

"来吧，"塞内克斯说，"我们的路还长着呢，可以说还没开始。我们向前走得越远，看到的东西就越丰富。但是我们要认识到，从生物学的角度看，到石器时代时，人类的身体进化已告一段落。石器时代的人实际上是我们真正的祖先。我们在许多方面同他们相似，包括许多行为模式。然而，有些行为模式在我们这个高度文明的世界已经没用了，甚至是有害的。"

说罢，他们走出洞穴来到外面。这里有一个湖，湖上笼罩着一层薄薄的雾纱，湖对岸的一排树木像是给湖面镶上了一条绿边。湖畔坐着个年轻人，他双脚泡在水中，正陷在一种半梦半醒的冥思里。

"也许，"罗曼的声音很小，像是怕惊动了那个年轻人，"也许他现在觉得自己虽然必须为生存而搏斗，但这个地球也确有美丽和可爱之处，只是他可能还无法用语言表达出来。"

"他会学会的，罗米。"贝蕾妮克说。

从采集者到看守者，从猎人到牧人

现在暖和多了，一直嚷嚷着冷的贝蕾妮克悄悄取下披在身上的兽皮。他们四周是一派鲜花盛开的春天景象，有温和的空气、生机勃勃的草地和嫩绿的树叶。

三个年轻人深深地吸了一口新鲜空气。塞内克斯说:"新石器时代开始了。不过,我想再说说人类的生物进化。人类的生物进化过程无疑是很快的,比其他动物要快得多。但是这一进程仍然持续了几百万年,从直立人到智人,直到新石器时代,这个过程才结束,文化的发展开始了。从智人发展到新石器时代经历了几十万年——请努力想象一下,闭上双眼,凝神时间的流逝,感受这种没有变化和进步的平衡状态:只有出生和死亡,白天和黑夜,周而复始的季节,狩猎和围坐在火边喋喋不休地交谈,恳求自然之神,崇敬天神,没有对过去的事情和死去的祖先的记忆,没有对自己历史的了解,无法让自己的经验流传百世,只能口口相授、代代相传。"

三个年轻人闭着眼睛,思绪回到了无限的空间。特别是贝蕾妮克产生了丰富的想象。她用心灵的眼睛看到并感觉到:不断变化的天空,不断涌现的云彩、闪电、雷鸣,当然还有太阳和月亮。几百年过去了,几千年过去了,好像什么也没发生——除了人在变化、在进化。

终于,塞内克斯又开口了:"后来,由于大脑的发达,人类只需要比身体进化少得多的时间来发展自己的文化。于是所有我们称颂和竭力效仿的人都在地球上出现了:学者、思想家、艺术家和建筑大师——当然,遗憾的是也出现了军队统帅、侵略者、杀人犯……"

"还有许多空想家、理论家和立志改变世界的人。"斯特凡说。

塞内克斯沉默了一会儿,好像在思考什么,然后又接着说:

"石器时代以后的人类获得了越来越多的经验,想象也越来越大胆。他们从以前的采集者变成了看守者,从猎人变成了牧人;他们饲养动物,把它们圈养在住所附近,还学会了种植植物。"

"他们花了多长时间才学会了这些?"

"不到一万两千年,贝蕾妮克。冰河期结束后,地球上一片生机——人类生活在能被自己利用的植物和驯服的动物中间,成了动物和植物的主宰。百万年来,他们四处漂泊,现在终于定居下来,人类的文化诞生了。当人还是居无定所的漂泊者时,几乎不可能产生和发展我们今天称之为文化和文明的东西,他们不耕种土地、不盖房屋、不建庙宇,也不用绘画装饰任何东西。"

"可是文化到底是怎样出现的呢?"

"所有文化的出现,都是因为人最直接、最基本的需求得到了满足而有了更多需要。"塞内克斯一边回答,一边踏上一条石子铺的路,将他们三人带入了完全不同的景色中。穿过一片茂密的软木橡树林,太阳高挂在万里无云的晴空,发出炙热的光芒。他们的眼前是一片沙漠,中间有一块绿洲。那里林木丛生,有橄榄树、桃金娘、染料木、迷迭香、月桂树、开心果、夹竹桃和柽柳。他们被长满植物的草地包围。再往远处就是一片茅棚组成的居住区,这些茅棚是由芦苇搭起来的,上面还盖着棕榈树叶作装饰,四周生长着雪松和桉树。路边有一块牌子,上面写着:

正如气候和自然景色发生了明显的变化,人类的生活方式也发生了巨大的改变。人类从与野生牛群为伍、居无定所的漂泊者，变成了开荒种地的定居者。

"但是到最早的村庄出现，还要经历几千年，"塞内克斯解释道，"请看……"他指着前面说。

"这才是个真正的村庄。"贝蕾妮克高声说。

"我们现在在中东，也就是后来的巴勒斯坦，"塞内克斯回答，"这个村子后来成了耶利哥，《圣经》里曾经提到过它。不过名字并不重要，我们还是去看看那些人在干什么吧！"

他们沿着一条被人踩出来的路，穿过干枯的草地——一片尚无法称作田地的地方，许多草被肆意地刈割过。道路两旁，一些棕色皮肤的妇女在干活。她们披着长长的黑发，几乎全身裸露着，只有腰部围了一块用兽皮做成的遮羞布。她们弯腰忙碌着。在不远处，几个人弓着身子在用棍棒扑打着什么。这些妇女看见有陌生人过来，便停下了手中的活计，将身体倚在工具上打量着来人。离他们最近的妇女也直起身来，用手背擦了擦额头上的汗，嘴巴微张着。塞内克斯朝她们走过去。她们的左手握着一把禾秆，右手攥着一件细长的工具。

塞内克斯从她们手中拿过禾秆，指给三个年轻人看，这些禾秆看上去良莠不齐。"现在，你们看到的是最早的小麦，"他解释说，"这些妇女是最早收割小麦的人。你们肯定已经看出，它们和现在的小麦很不一样，这是早期的小麦。人类那时还不能自己种植和栽培小麦，他们发现它时是什么样，它就是什么样。而这种小麦可能是由野生小麦和这里到处可以看到的山羊草偶然杂交而成的。"

"这又是典型的一幕,女人在外面干重活,而男人也许正坐在茅棚前闲聊,"贝蕾妮克说,"看来很早很早以前就已经是这样子了!"

"你错了,贝蕾妮克,"塞内克斯回答说,"虽然最早在野地里采摘果实并渐渐开始耕种土地的是妇女,但当时妇女在整个家族中是居统治地位的。男人的地位远不如妇女那么牢固,他们必须搬到女方处住,因为妇女拥有住所和可耕种的土地。"

"但是男人干什么呢?"

"在那种不劳作就无法生存的环境中,谁也不可能闲着。男人狩猎,将猎获的动物喂养起来,让他们在没有新猎物的情况下也有肉吃——就这样,在这种处理动物的过程中,从自己的习惯和需求中,人们掌握并发展了畜牧业。"

"他们都猎取什么?"

"就是陆地上的动物,主要是野猪和猴子,还有森林中的狒狒、瞪羚、羚羊、鸵鸟,甚至豹和鬣羊。"

"这些女人用什么割庄稼?他们那时可还没有铁器。"

"的确没有,罗曼。他们的镰刀是用火石做的!"塞内克斯把珍贵的小麦交还给那个女人,同时从她手中拿过工具。这是一个长形的石器,稍微有些弯曲,有一面棱角锐利,它微微闪着光,刀柄是羚羊角做的。

"也有用骨头做把手的。"塞内克斯解释说。他指着那个女人说:"她的子孙就是后来的农民——当然我们不能仅仅从字面上来理解子孙的概念,我指的是她的后代——因为我必须从大的时间跨度来考虑问题。你们还想看看这个村子吗？很值得一看的！"

最早的城市

耶利哥

塞内克斯领着他们跨入一个不太规则的门洞,门洞连接着高大的城墙,一座气势恢宏的塔楼矗立在眼前。

步入城墙里面,一种生机勃勃的生活气息扑面而来。罗曼对这种无忧无虑的喧嚣百看不厌,到处是自由自在的人群:赤身露体的孩子在平坦低矮的房子之间玩耍,头发灰白的老人坐在禾草堆边闲聊,女人在给怀中的婴儿喂奶。一座座用芦苇搭成的房子坐落在棕榈、雪松和阿勒颇松的树荫下。

"房子从外面看很简陋,"塞内克斯解释说,"但许多房子里面装饰着挂饰和地毯。"

"在我看来,这简直就像一座城市,"贝蕾妮克说,"这里大约有多少人居住?"

"在大约公元前 6000 年,耶利哥是一个可容纳三千人居住的农业聚居地。它位于沙漠边缘的一片绿洲（如果没有水，就无法种植植物，所以最早的定居者总是逐水而居），他们会用围墙或木栅栏围住自己的小屋。现在，小麦也出现了。人驯养动物、种植农作物，学会了与动植物一起生活，这奠定了文明的基础。"

斯特凡、罗曼和贝蕾妮克仔细打量着周围。女人在用很重的石制工具磨麦子，肤色棕黑的男人则在一旁揉黏土做土砖（他们显然很为自己的成果自豪）——先用泥土做出砖坯，然后晒干。与此同时，咩咩叫着的羊群和到处乱跑的狗在屋前与孩子一起嬉闹。一旁甚至还有猴子，它们也一起玩耍，好像一家人一样。

"很快就有猪、牛和驴子了。"塞内克斯笑着解释说，"在这几分钟里，我们正在经历一个长达几千年的时代。在这个阶段，我们经历了先陶器时代①、绳纹陶器时代②，紧随其后的是早期铜器时代和青铜器时代。在这个巨大的时间跨度中，耶利哥一步步发展成一个很大的城市（尽管它还缺少城市文化的许多特征）。像耶利哥一样，当时的大部分城市都出现在有水的地方，出现在那些贸易线路和商队通道交织的要道，或者在商品交换的集中地带。但是那时还没有专门的手艺人，没有行业的劳动分工，没有木匠、制革匠和屠夫。每个人只生产自己需要的东西。人类已经安定下来，农具从木铲和锄头发展到了锹，最终出现了犁。"

"现在你们看到了陶器时代的开端，"塞内克斯说，"有了陶土制的碗，人类可以用一种从未出现过的方式烹调食物，即火

---

① 在这一时期，陶器尚未出现，人们主要使用石头、骨头、木头制作生活用具。
② 用绳子或绳纹装饰陶器的时代。

煮。在此之前,他们一直是把烧红的石头放进器皿里加热食物的。顺便说一下,烹饪也创造了最初的通过高温而产生的人工化学变化过程。这样,许多曾经很难或根本无法消化的食物也变得可以食用了。制陶业对丰富人类食物的贡献不可低估。"

"多么了不起的烹饪艺术!"罗曼兴奋地大声说。

"这些人吃的是什么?"贝蕾妮克问。

"除了肉类和植物的根,他们还喝汤,吃粥以及用大麦、粟米和玉米等谷类做的甜饼,还有豌豆、扁豆、开心果、橡子和其他类似豆类的果实,此外还有南瓜和各种各样的香料植物。人们享用着无花果、椰枣、石榴、葡萄、杏仁和核桃。在七千年前,就有人喝葡萄酒了,当时的酒可能是用种植的葡萄酿造而成的。荒漠上结出了甜瓜,柽柳的果实带来了甘露蜜汁。再后来,还出现了稻谷。"

墙挨墙的房子

"我想进一所房子里面看看。"贝蕾妮克请求说。他们朝一所房子走去,这房子比其他房子大,但它不是圆形的,而是用黏土砖堆砌的长方形房子。

"砖是太阳晒干的。"塞内克斯说,"墙是用灰浆砌的!正如你们现在所看到的,这里所有的房子都是墙挨着墙砌的。"

他让大家进入一间昏暗的小前厅,从这里可以看到与厅相通的三个小房间。第一间放着石器工具，第二间放着磨光的骨头，第三间放着石头和贝壳做的饰品。

贝蕾妮克拿起其中一块，但没能立即辨明它的用处。

"这是一块用磨光的黑曜石做的镜子，"塞内克斯解释说，"人类创造了镜子，可以照见自己、认识自己。如果一位年轻妇女在这种镜子中照一照（当然她也可以用青铜镜），她就能看见自己的脸和头上盘着的乌黑浓密的发辫，她也可以给自己的嘴唇和眼皮上色化妆。"

"但愿她们喜欢这样。"

"也许吧。她们穿着饰有流苏的斗篷，光脚穿着凉鞋，一侧的肩膀露在外头。当然在此之前，人类在清水中也看到过自己的脸，但是水中的图像是晃动着的，不太真实。有了镜子，人类在认识自我的道路上又向前迈了一步。人看见了自己，面孔、眼睛、嘴巴，于是能把自己当成独特的、完全无法替代的人来理解。这也是一条通向哲学思考的道路。因为当人打量自己的时候，他也在进行关于自己的思考。"

后墙有洞口通往围起来的小院子，院子里是已经夯实的地面。他们走了进去，贝蕾妮克踩着用稀疏的树枝和树干搭起来的楼梯，爬到平坦的屋顶上，她大声说道："这里可以看得很清楚！各式各样的房子像棕色立方体，一条条的小路交错纵横，迷宫般的小巷之间全是人，还有那么多牲畜——我一点儿也没觉得自己身处数千年以前。当然，区别还是有的：这里的人没穿衣服；我还看到——这里虽然有狗、山羊和绵羊，以及猴子，但却看不到一只鸡，也看不到一只猫。"

"赶紧下来，不然你就把我准备让你们惊奇的事全说出来了，"塞内克斯说，"因为，朋友们……猫……对啦，我刚才想说的是古埃及！可现在已经是中午了，我们先在阴凉地方休息一下。"

他们在挨着墙根的石头上坐下，打开自带的野餐袋，里面有夹好了肉菜的面包、烤好的鸡块和柠檬。

"啊，太舒服了！"贝蕾妮克靠在墙上，伸直双腿。

"是的，古埃及，"塞内克斯重复说，"本来我们必须先去苏美尔或美索不达米亚，看看我们文化的摇篮。"

"美索不达米亚，这个地方今天可没有了，它到底位于什么地方？"

"大约在现在的伊拉克境内，贝蕾妮克，"塞内克斯回答说，"苏美尔从波斯湾一直延伸到巴格达。据记载，苏美尔人最早出现在人类文明的发源地——美索不达米亚，它的意思是河流之间的土地，指幼发拉底河和底格里斯河下游平原。大约公元前3000年苏美尔人就生活在那里，他们中已经有农民、牧羊人和渔夫，他们种田、打铁、做木工活、织布、制陶、盖房，甚至还有人专门做生意。大约公元前6300年，苏美尔已经出现了最早的织物。几百年后，这里的人开始在家里养牛、喝牛奶，还用火漆密封书信。此后不久，正如我刚才暗示过的那样，最巧妙的发明——文字出现了。在公元前3100年左右，文字的出现使人类能够避免遗忘自己的语言和知识。此时还出现了诗人——早在青铜器时代就出现了《吉尔伽美什史诗》[1]，它刻写在十二块泥板上，共三千行。"

"但是我们为什么要略过苏美尔和美索不达米亚呢？"

"因为这种文化留存下来的很少，贝蕾妮克，无法同古埃及相比。《圣经》中所说的大洪水[2]不仅仅是一个神话，它真的发生过，并且毁坏了苏美尔文化。然而，古埃及文化的首要内容是祭祀死者——保存死者生前的样子（这事听来非常荒谬），且古埃及的金字塔和庙宇是用石头建造的，保存得很好。我们无法浏览所有的东西，所以进化公园的创建者就选择了这个尼罗河畔的国家。我保证，你们会感到惊喜万分的！"

"可我们怎么去那里呢？"贝蕾妮克眼光中充满兴奋。此刻她正好坐在塞内克斯旁边，一下子抓住了塞内克斯的手。

"小心点！"塞内克斯一边笑着指了指斯特凡和罗曼，一边悄声对她说，他很快又给自己打了一个聪明的圆场，"好吧，也许他们两人觉得我太老了。"

贝蕾妮克在一旁笑了笑："可我想再问一遍：我们怎样去古埃及呢？"

"古埃及不远，"塞内克斯回答说，"我们只需重新回到屋子里。"

---

[1] 《吉尔伽美什史诗》是已知的世界最古老的英雄史诗，主要讲述了苏美尔时代的英雄吉尔伽美什的传说故事，并汇聚了两河流域的许多神话传说。
[2] 《圣经》的《创世记》中记载，由于世间充满罪恶，上帝决定毁灭人类，就降下大洪水，只有上帝选中的诺亚一家带着一些生物躲进方舟中幸存下来。

古埃及

这里散发着乳香和没药①的芬芳

休息片刻后,他们收拾好野餐包回到屋子里,发现里面的一切都变了。他们穿过打扫得干干净净的前厅,进入一间更大的内室。一开始他们很难适应里面昏暗的光线,因为窗子窄而高,上面还有木栅栏挡着。

"现在我们到了古埃及。"塞内克斯对满脸惊愕的三个年轻人说,"在这里,人们已经开始使用窗帘和芦席垫子,这不仅仅是为了遮挡阳光,也是为了阻挡动物。观看这个房间时,请回想一下石器时代的洞穴和耶利哥那种里面堆放着骨头和贝壳的土砖屋,你们会看到时代的进步。"

"进步?难道我们不应该更谨慎地使用这个字眼吗?"

---

① 没药树的树脂,可作药材、香料。

"是的,斯特凡。可是在这种最初的探索中,人类的进步还没有表现出不利的方面,它真的能使生活变得更为轻松和丰富。"

年轻人打量着四周。这里散发着乳香和没药的芬芳,彩色的编织物装饰着墙壁,地上铺着小地毯和浅色的芦席垫子。

"人们也在这种编织的垫子上用餐。"塞内克斯讲解道,"垫子是用撕开的莎草秆子编织成的,也有的是用酒椰、甘蔗、亚麻或棕榈的纤维,常常带有活泼的颜色和图案。它们不仅可以铺饰地面,还可以用于墙壁挂饰、床垫、坐垫、屋顶盖和围墙。牧人也用它来遮挡烈日。你们想想,有了这些东西,人的居所会变得多么五彩缤纷。"

贝蕾妮克朝一张床走去。黑色的木头床架上装着旋制的床杆和金灿灿的床腿,上面镶满金、银和青铜,还饰有四个狮子头雕像。床上铺着皮绳,皮绳上一个盖着床单的白色床垫和彩色枕头格外引人注目。床周围摆放着样式精美、工艺精巧的陶土容器、花瓶、花盆、碟子和杯子。他们还看见一把藤条安乐椅、一张弧形腿的桌子,桌腿上镶嵌着金子和其他许多华丽的饰物。墙边放着筐子,还有用芦苇秆编成的长方形箱子。

贝蕾妮克随手打开一个箱盖,不禁惊叫道:"是纺织品!"

"是亚麻和棉质的?"

"是的,罗米!"她拿出一块放在手背上,透过织物可以隐隐约约看见她的皮肤,"多么精美的杰作……我相信,今天的机器不会比这织得更好!"

"你说得对,"塞内克斯肯定道,"在这方面,古埃及人确实堪称大师。他们当时已经使用带有横链的织机椅了，就像今天的编织椅一样。"

"你们看看这些金子做成的首饰。"贝蕾妮克把一个精制的项圈戴在脖子上，随后又把它取下来放回箱子里。

"在这个城市里，我们也许会看到正在工作的金匠和纺织工。到时你们就能看出，人类离简陋的兽皮和遮羞布已经多么遥远了。这里的家具、器皿和首饰展示了一种文明讲究的生活格调。这些金饰品表明，首饰工匠已经拥有卓越的工艺技巧和出色的审美能力。"

他们转身往外走。穿过前厅时，塞内克斯叫住年轻人："且慢！还有一点也非常重要：这时人已经开始讲究卫生了，出现了一种相当舒适的设施——在这里……"他指着安装了木门的门口，门是绕着门轴转动的，"门后是厕所，也就是茅房。人们已经开始使用一种简单的抽水马桶。以前的游牧人是在帐篷外面挖一个洞方便的，完事以后再把洞填平。而在这个屋子里，或有一条小水沟，或有一根通往外面排水口的排水管——这是我们现在使用的抽水马桶的雏形。先说到这儿吧。"说着，塞内克斯跨过了由两根彩柱框起来的门槛。

街上响起了嗒嗒的马蹄声

他们走出屋子，外面是市中心。屋内的清凉使他们更加强烈地感到阳光下热气逼人。

外面人声喧闹，动物的叫声和杂耍艺人的吆喝声此起彼伏；汗味，毛皮的味道，牛、绵羊、山羊、驴子和猪的粪便气，再加上花香和熏香、油膏和玫瑰油的芳香……各种味道掺在一起扑面而来。宽宽的街道两旁栽满枝繁叶茂的树木，有岩槭、刺槐、椰枣树、无花果树和石榴树。树木之间，房子装饰得如色彩亮丽的盒子，房屋的大门和便道上的入口都被浓荫遮住了。

"这里大部分房子都是用尼罗河里的淤泥做的土砖盖的，"塞内克斯道，"用石头造房子太昂贵了，只有法老和祭司才能享受这种奢侈，就连贵族也会把最好的建筑材料留出来建神庙，因此古埃及的民居都没有保存下来。但当时许多富有的贵族宅邸已经使用精雕细刻的大门，还会用充满艺术气息的栅栏装饰窗户。他们通常用坚韧的棕榈木做柱子来支撑屋顶。房屋的四周一般都有带围墙的庭院，院子里有楼梯直达楼上和屋顶。富人们都精心布置自己的花园，所有的城市都有供平民休憩的公共场所，而且几乎所有房子都有花饰。"

外面响起了嗒嗒的马蹄声、车轮声、赤脚跑步声，间或还有嘈杂的喊叫声。马车穿过街道，赶车人气喘吁吁地吆喝着，衣着讲究的侍从跟在车旁奔跑，给身份高贵的乘车人扇风。

"现在说说看，这里有什么引起了你们的注意？"塞内克斯满怀期待地问三个年轻人。

"古埃及人的生活丰富多彩，并且注重时尚。"

"这是其中一点，贝蕾妮克。时尚像蛇一样钻入了人们的生活，把纯净自然的天堂摧毁了。"

"幸好没有全部被毁掉。"罗曼小声嘟囔了一句。他的目光落在了一位身材窈窕、发育良好的姑娘身上。她没有遮掩纤细的躯体和小巧的胸脯，脖子上挂满了色彩艳丽的首饰。她的眉毛画得黑黑的，眼圈是青蓝色，指甲上涂抹着从散沫花中提取的红色染料，头发剪短了，但发梢却系着一根长长的彩带。她站在那里，身着一条薄如蝉翼的裙子，细窄的臀部清晰可见。

轮子——最天才的发明

塞内克斯又捡起刚才的话题："除此以外，你们还注意到了什么？"

"车！"贝蕾妮克抢先兴奋地叫道。

"车，是的。或许我们能说得更准确些，造一辆车的前提，那就是……"

"那就是轮子！"

"对极了，斯特凡。在学会取火以后，轮子是人类最伟大的机械发明。我们无法考证人类最早是在什么地方开始使用轮子的，也许是苏美尔，也许在美索不达米亚，但是，埃及很早就有人使用轮子。那时沙漠上从一个定居点到另一个定居点的迁移主要靠轮子，城市的街道上也有轮子在滚来滚去。在宗教仪式中人们用轮子来搬运诸神的雕塑，富人则喜欢坐车。这一发明（或者说发现）的作用和意义有多么重大和深远，你们应该知道得很清楚。轮子彻底改变了运输和旅行，这种革命一直影响到今天。我们现在的生活不可能离开轮子。"

"没有汽车，也没有火车。"

"可人类是怎么想到运用轮子的呢？"

"也许人是在观察石头或木头的滚动时发现了这点，贝蕾妮克。在转动着的陶工旋盘上，人们可能也看到了轮子的作用。他们首先把轮子装在手推车上，以便能轻松地搬运重物。最早的轮子是用木板简单制作的，大多数是由锯成弓形的两三块木板拼在一起，然后再用木制或青铜的夹子连接起来，或用绳子捆绑在一起。他们把轮子套在轴上，再用楔子固定住，由轴来带动轮子的转动。在制作战车时，人们发明了更为便利和美观的轮辐。这种轮子可能是由喜克索斯人传到埃及的。喜克索斯人是西亚的一个部落，在约公元前1600年时他们曾占领埃及。他们当时使用的战车是用马拉动的单轴车，并因此取得了出人意料的成功。"塞内克斯停了停，然后说，"可是这个答案我仍然不满意。还有一种东西你们也应该注意到！"

"还有马！"贝蕾妮克叫道，"啊，我喜欢马！"

"没错！大约在公元前4000年，继公牛和驴子之后，出现了一种新的役畜。当时——首先是在今天的俄罗斯南部地区——人们成功地捕获了马，此后不久开始驯养它。最初马是作为食物而驯养的，人们养它是为了吃马肉、喝马奶，马皮、马鬃、马尾则被用来做成帐篷、鞋子、衣服、被子、枕头和许多其他物品。后来人们渐渐开始把马作为役畜使用，一直持续到约公元前1000年。人们养马，并开始骑马。在古埃及，马最初只用于法老检阅和出行时的豪华车队。人能骑在马上是一个伟大的发现，它极大地增强了人类的力量。骑马让人居高临下，而且比所有步行的人，如奔跑者、信使、旅行者和士兵都更强壮、更迅速。可以说，马的出现使人类进入了一个新纪元，这说法一点儿也不夸张。但是当我们说到马时，也不能忽略骆驼，因为骆驼对于曾经在荒漠上生活的人类更为重要。有了骆驼，人类才能穿过广袤的沙漠地带，所以在运输工具的革命中骆驼比马的意义更为重大。现在我们到下面的小广场去吧！"

每个人都伸直脖子，眺望巨大的棕色方尖碑，石碑位于广场中央，金色的碑尖在阳光下闪闪发亮。随后他们一行人来到货摊前，商贩们是随着荒漠商队一起来到城市的。交易场上，顾客和商人热火朝天地讨价还价，商品的交换价值用银或铜的重量来体现。摊位上有化妆品（彩色的油脂和油膏），还有牛角做的钳子和勺子、装满蜂蜜的罐子、一袋袋的香洋葱、农村自产的风味食品和罐装的葡萄酒，以及香膏、香脂、没药和堆成小金字塔形的甜面包。一旁还站着马夫、园丁和背水罐的人——装水或啤酒的容器都用木盖盖着，免得有苍蝇或别的昆虫飞到上面。

法老的所在地

"城市里的财富数不胜数,"塞内克斯小声解释道,"从山里开采来的铜和金为王室积累着财富,而成群的奴隶则在厨房和纺织场里辛苦劳作。"

"奴隶?——在古埃及就有奴隶了?"

"很遗憾,是的,贝蕾妮克。约从公元前 3000 年起,埃及就大量使用奴隶了。最初这些奴隶是靠武力抓获的,如在战争中俘虏的努比亚人、利比亚人和美索不达米亚人,后来还包括赤贫的埃及人,也就是所谓的债务奴隶。"

塞内克斯很快接着往下说,好像正在谈论的话题让他很不舒服。"也许,"他说,"也许这是古代世界中最漂亮的城市,到处闪耀着金光,因为它盛产黄金。这座城市里有一幢幢花园环抱的豪华房屋,也有并排的土砖屋构成的弯窄小巷。在这个城市里,人群熙熙攘攘,有埃及人,有深肤色的努比亚人,还有来自利比亚、巴勒斯坦和巴比伦的人——其中不乏地位不凡的侏儒、宠物饲养人和小丑。这里是文明世界的中心,是法老的所在地,是法老麾下王公贵族的乐园,当然也是宰相、书记员、卫队士兵、国库的司库、饲马官、雇佣兵和奴隶的居住地。赶着驴子的荒漠商队从艾斯尤特、阿拜多斯和象岛运来商品,又把衣服和器皿卖给四面八方的人。市场上不仅有蔬菜、无花果、橄榄、鱼和面包,还有手工艺者出售的凉鞋、亚麻布、靠垫、床、椅子、手杖、扇子、首饰、青铜镜、药膏勺,还有用木头、石头和象牙制成的化妆盒——这些器皿的样式体现了古埃及人非凡的想象力。

"这是一个拥有宏伟钟楼和桥塔的城市,辟有石块铺设的林荫大道,大道两旁陈设着无数雕塑,其中有神像和法老像。留心那些王室塑像上的红色彩绘,它在我们这个时代已不复存在。我们现在在富人区,你们看,这些房子的正面对着街道。在这里居住的是高官、显贵、书记员和富人,他们精心打理和浇灌自己的花园。这条九米宽的大道一直通向法老的宫殿,通向阿蒙 – 拉神①庙。"

"可我们现在是在哪个城市?在哪个时间段?"

"反正是在古埃及,至于城市的名字和所处的时期并不太重要,斯特凡。"塞内克斯回答说,"我们也许是在底比斯,就是现在的卢克索,或者在今天已经衰败的孟菲斯。进化公园里建的这座城市是古埃及各个地方和时期城市的综合体。当然,城市和城市之间、不同时期之间会有区别,但是这些区别相对于古埃及所历经的极其巨大的时间跨度,以及这一历史时期所包含的文化来说,实在是太小了,在我们今天的人看来几乎可以忽略不计。"

"你所说的极其巨大的时间跨度经历了多少年?"贝蕾妮克问。

"大约七千年前,人类历史从新石器时代过渡到青铜器时代。公元前 2000 年时出现了最早的中央集权制国家,然后是地方王国,再后来出现了法老的帝国。一开始,埃及文化的发展没有受到外敌的影响,因为只有一些游牧民族生活在埃及边境,他们从

---

① 阿蒙原为底比斯的守护神,约在公元前 21 世纪与太阳神拉合并为阿蒙 – 拉神。公元前 16 世纪起,阿蒙 – 拉神被古埃及人视为主神。

来没构成过威胁。公元前 30 年,埃及成为罗马的一个行省[①]。395 年罗马帝国分裂后,埃及成为东罗马帝国的行省之一[②]。"

"几乎有五千四百年的历史,"罗曼小声说,"真是难以想象。罗马帝国灭亡以后的西方文化史才一千六百年!"

尼罗河的礼物

"这里的人肯定觉得时间是无止无尽的,"斯特凡说,"他们根本不知道宇宙的诞生,也不知道生命的进化,对于他们来说,周围的一切就是他们看到的那样,而且将来也不会发生什么变化。"

"这也许是一种天堂般的状态?"

"古埃及虽然有许多阴暗面,但它也许真的很像天堂,罗曼。它向我们显示了,如果无须为自己的生存奋斗,人类到底可以是什么样子。古埃及文化是这个河流之国肥沃富饶的产物,人们很少尝到饥饿的感觉。这块土地没有严寒的侵袭,也从来不会有阴雨连绵的天气,总是碧空如洗。大自然每年都会赐予人类丰富的恩惠。这样,人才有闲情逸致去考虑艺术的需求,去沉思和幻想。更何况四周还有无边无际的沙漠,沙漠极端的贫瘠也让他们

[①] 公元前 30 年,屋大维(后被尊称为奥古斯都,罗马帝国的开国皇帝)打败了军事将领安东尼,终结了当时由克里奥帕特拉统治的托勒密王朝,将埃及变成了罗马的一个行省。
[②] 公元 3 世纪起,罗马帝国陷入了巨大的政治危机,一直处于内乱之中。公元 330 年,君士坦丁大帝将罗马首都东迁至拜占庭,取名"君士坦丁堡",将帝国权力中心转移至东部。公元 395 年,罗马帝国正式分裂为东罗马帝国(也被称为拜占庭帝国)和西罗马帝国。

意识到自己是何等幸运——他们生活在一个由上天赐予的土地肥沃、物产丰富的世界！当然，这一切主要是由占统治地位的富裕市民阶层享用；淳朴的农民虽然能年复一年地收获小麦、大麦、三叶草、亚麻和棉花，但仍在艰难度日。每年七月和十一月之间尼罗河都会泛滥，带来肥沃的淤泥。河水在夏末时开始上涨，随后，水渠纵横交错的田地被淹没，并持续上百天。的确，尼罗河使沙漠变成了肥沃的土地，古埃及也因此繁荣兴旺——根据最早的世界史记录者希罗多德①的说法——这是尼罗河的恩赐。所以在这里，人类文化以一种奇妙的方式发展起来，但同时古埃及也完全依赖这条河流及它的泛滥。农民因劳作而精疲力竭，他们不可能活得轻松长寿。他们知道，虽然自己能从尼罗河的泛滥中获益，但若不加以控制，洪水也会毁坏田地。因此，在很早的时候，他们就建造了无数堤坝，把过剩的水蓄积到沟渠里。虽然这个国家的财富实际上只依赖于农业收成，但在一年中无法耕种的几个月里，农民被迫无偿为法老劳动。他们挖沟渠、建街道，把石头扛去建金字塔、神庙和法老的宫殿。许多人难耐艰辛，最后悲惨地死去。因为他们得到的那点面包和洋葱无法给予他们足够的力气去服劳役，也无法使他们免遭瘟疫的侵害。最严重的灾难是血吸虫病的蔓延，这种热带寄生虫传染病常常会置人于死地。携带血吸虫的蜗牛遍布沟渠和尼罗河。"

"这些人都出生在埃及吗？"

---

① 希罗多德（约前484—约前425），古希腊历史学家。在古罗马时代即被誉为"历史之父"。

"大部分是的,贝蕾妮克,但是在几个世纪的时间里,也有许多奴隶和战俘从别处来到这里。这些被抓作奴隶的人——其中包括女人和孩子——不得不服苦役,境况十分悲惨。他们的双手被捆绑在背后或头顶,有些甚至带上粗糙的手铐,进入这片在我们刚刚看来还是天堂的奴役之地。"

"多么凄惨的命运。我看,我们还是忘掉这里像天堂的想法吧。"斯特凡说。

"至少要有所保留,"塞内克斯补充道,"令人痛惜的是,财富的分配往往是极为不均的。"

"并且极不公平。"

"是这样的,贝蕾妮克。但是,现在我想谈谈另一件事。我们的历法也要归功于尼罗河的涨落,因为人们需要了解播种粮食的最佳时间。第一份历法是何时出现的,我们不得而知,大约在公元前4000年,或是此后的两千五百年里。但不管怎样,古埃及的历法已经以每年三百六十五天为基础,它把一年分成十二个月,每个月又分成三十天,另外每年再加五天节日。每年天狼星[①]随着太阳升起的那天,新年就开始了,这一般与尼罗河泛滥的时间相吻合。古埃及人采用了一种十分理性的计时方法,即借助水钟滴漏和日晷仪[②]计时。还有证据表明,他们预测了日食,从而向科学的天文学迈进了一步。随着每一个新年的开始,世界

---

① 夜空中最亮的恒星,也是距离地球较近的恒星之一。
② 一种根据太阳位置测算时间的装置,通常包含一个平面和垂直于平面的杆子或切面,日光将影子投到平面上。

也在不断更新。'年'这个概念意味着'更新',一切都随着新年的第一天重新开始。他们把每年的第一天看作太阳之神——阿蒙-拉神的生日和'一段时间的开始',看作世界万物的再生。每一位法老的登基都意味着一个新时代的到来。你们看,如果不谈古埃及就无法谈历法。他们的太阳历传到西方,我们也采用这种方法计算时间。这与天文学上确切规定的一年的时间长度相比,差了四分之一天,但为了清楚地划分时间,也只好这样了。后来尤利乌斯·恺撒①采用的历法也能追溯到古埃及。在之后漫长的历史中,这种历法一直被沿用。

"古埃及人把一天分为二十四小时,白天和夜晚各十二小时,这种划分时间的方法被保留下来了。人们发明了日晷仪,并开始画星相图。占星术家用星象图预测未来。"

"我真想知道,世界上曾经有哪个民族没搞过占星术这类骗人的玩意儿。"斯特凡小声说。

"可是,天文学正是从占星术这种玄机莫辨的行当中诞生的,天文学使我们对宇宙有了深刻的认识,并让我们对生命的起源有了进一步的了解。"塞内克斯宽厚地表示着不同看法,"不管怎么说,古埃及人对世界的起源有了一些概念——从世界的开端到它的边界,尽管这种边界在一望无际的时空中消失了。现代的宇宙起源学并没有取代这种认识,只是使它更加精准。对于古埃及人来说,世界来自原始的混沌和大洪水。"

---

① 尤利乌斯·恺撒(前100—前44),史称恺撒大帝,是罗马共和国转向罗马帝国的关键人物。

"这与我们今天上午所了解的内容惊人地相近。"斯特凡说。

"在都灵①保存着埃及新王国时期②皇家的莎草纸文献,它记录的内容包含了世界诞生以后将近四万年的历史。这些文稿中用'史前史'的概念概括了有历史记载的法老以前所有的神和半神的历史。与无限的未来相比,人们把这段漫长的历史时期总称为'千百万年'。"

"这么说古埃及人已经能在巨大的时空中思考问题了?"

"是的,贝蕾妮克,在地球上的短暂一生对于他们来说是一个转瞬即逝的梦。但是他们也认为生命不取决于量,而取决于质,也就是说,不取决于活多少年,而取决于自己的一生是否充实而有意义。古埃及人认为,看到阳光的一个瞬间比地狱里的永恒更有意义。我想,古埃及文化的秘密和它对我们现在的影响正在于此。虚空和未加利用的时间已经不复存在,充实的和有形的时间却被保存下来了。这难道不对吗?古埃及人所经历的一切,难道不令人激动吗?"

塞内克斯没等人回答他的问题,实际上也没有得到回答。他很快继续说:"所以在阿玛纳时期③,就有人边弹竖琴边唱歌,告诫人们去享受生活,为今生今世的一切感到高兴,因为今生的一切都是短暂易逝的。"

"什么是阿玛纳时期?"

---

① 意大利第三大城市,今皮埃蒙特大区首府,古老的文化艺术名城。
② 指公元前16世纪至公元前11世纪,该时期古埃及版图扩张,国都由孟菲斯迁至尼罗河上游的底比斯。
③ 埃及第十八王朝(约公元前16世纪至公元前13世纪)后半期的别名。

"我们很快就会说到的,贝蕾妮克。"塞内克斯回答,"我们走吧!从这座神庙的双塔式大门穿过去!"

宫殿、神庙、柱廊和回廊

塞内克斯站起身来,指了指一扇用灰泥抹得光洁平滑的大门。大门的两旁是两座宏伟的正方形塔楼,正面对着宽阔的街道。大门高耸,高出墙顶,超过了巨型塑像。门前高高的旗杆上,彩旗在微风中舒展,沙漠上吹来的细小沙粒从上面轻轻掠过。

"我们现在离开市中心,到有宫殿、神庙、柱廊和回廊的地方去看看!"他们从大门底下走过,塞内克斯说,"这是神庙里的祭司居住的大街,当然还住着许多官员。在这里我们可以看到金碧辉煌与简洁是如何在宫殿建筑中相融的。歌声和乐声在宫殿里回荡,每个有权有势的人(比如王后、王子、宰相和高官)都想拥有自己的宫殿!"

"您刚才说到音乐,那时已经有乐器了吗?"

"当然有,罗曼。人们不再满足于大自然的声音,不再满足于鸟的鸣唱和野兽的吼叫,开始自己演奏乐器。也许最初,他们从兽角发出的声音、母畜呼唤幼崽的叫声、哭泣的呻吟中发现了有旋律的声音,后来发明了乐曲,再后来用金属制作了完整的乐器,不久又出现了有小孔的长管——这种乐器发出的声音更加悦耳。但是,这些早期的吹奏乐器和兽角做成的圆号都有不足的地方。"

"可能它们发出的声音更像驴叫。"

"也许吧，斯特凡。他们不再满足于管乐器，还在很早的时候，苏美尔人就制作了竖琴。此外，苏美尔人已经开始计算太阳、月亮和行星的轨迹，并把《圣经》中所说的大洪水发生的日子记录保存下来，从中诞生了所谓的十诫。关于轮子的发明我们已经在前面说过了，有些学者还把拱门圆顶的发明也归功于苏美尔人，还是让我们回到音乐的话题吧。在古埃及，人们用手鼓、叉铃、竖琴、琉特①、金属小号和里拉（琉特的姊妹乐器）来演奏。每逢节日，职业乐师边演奏边唱歌。我们从许多古埃及的浮雕上也能看到在田地跳舞的农民。演奏者经常是女人。妇女在古埃及有着非常特殊的地位，我们后面还会专门谈到这点。"

"为什么要等到后面，为什么不现在就谈呢？"

"那好吧，但只能简短地说说。"

啊，我英俊的朋友

"我们今天经常抱怨妇女遭受压迫和不公，这种现象在人类历史早期的许多文化中并不存在。这些文化由妇女掌权，古埃及也是这样——在这里，妇女是一家之主，所有的财产只能由女性后代继承。许多男人娶自己的姐妹为妻，并不是出于爱情，而是

---

① 一种形似琵琶的拨弦乐器。

因为想要得到她们从母亲那里继承的遗产。由于女人的地位如此特殊，所以杀害儿童（尤其是杀害女童）的现象在古埃及极为罕见。在恋爱关系中，通常也是女性采取主动。爱情诗和情书大多都是女子写的。她们提出约会，并且主动求婚。'啊，我英俊的朋友'，一封信中这样写道，'我的愿望是成为你的妻子，掌管你的所有财产'。"

"现在的人却不懂这个。我们其实可以仿效她们！"

"是的，贝蕾妮克，但别以为古埃及的这种风俗就值得效仿，因为风俗并不完全意味着真诚。他们随意谈论性，用女人的画像和清晰逼真的浅浮雕装饰神庙；用色情的书籍给死者陪葬，以便他们在坟墓里还能寻欢作乐。女孩十岁就能结婚。他们的生命是短暂的，比我们要短得多。"

穿过大门，前面延伸着宽阔的斯芬克斯大街，有一百多米长。街道两边是赏心悦目的花圃。牧群正在吃草，葱绿的草地点缀着些许灰白的斑点。有的动物在朝这边张望。到处是正在辛勤劳作的园丁和清理过野草的花坛——花坛上鲜花争妍斗艳，还有精心修剪的灌木丛和浇过水的梧桐。

在以半卧的狮身人面像命名的大街后面，筑有一道平滑的淡黄色石墙，墙面是由极其工整的石面拼接而成的。墙上的浮雕主体是古埃及敌对部落首领的样子，有利比亚人、阿拉伯人和努比亚人；旁边还雕刻着法老自己——神的化身，法老的身边妻妾成群，他正在抚摸一个美丽女人的下巴。这里也生动地再现了历史，浮雕上有：战胜了利比亚人、与贝都因难民的战斗、为法老砍伐雪松的人、凯旋的队伍和手捧花束的神职人员。塞内克斯想让三位年轻人看的可不是这些,没几步远的墙面上有一些图形的轮廓,这是石匠们雕刻出的图案,它们可能是鲜花,也可能是动物,或者仅仅是用来装饰的图形。

古埃及圣书字——神圣的宝藏

"这里产生了古埃及圣书体文字[①]。"塞内克斯说,"也到了我们该谈谈文字发明的时候了,不过古埃及人肯定不是最早发明某种文字的人。之前我们说过的苏美尔人会用指甲在陶土制品上刻画文字。但我认为,第一个发明文字的人是谁并不是最重要的——不管是苏美尔人、克里特岛人、玛雅人还是中国人,你们一定会赞同我的观点。因为这些文化的人在当时无法互通消息,所以我们可以推断,人类的书写能力是在地球上多个地方分别发展起来的,彼此之间并不互相依赖。楔形文字[②]的运用至少可以追溯到《圣经》中犹太人的始祖亚伯拉罕前一千年。"

"是的,"罗曼点头回答说,"我也认为文字这种东西很特殊,它让我们能把自己的想法用固定的形式保留下来,并告诉他人。它能跨越时空的障碍。"

---

① 圣书体是古埃及正式的书写体系,发源于约公元前32世纪的青铜时代早期,一直沿用到公元5世纪左右。
② 约公元前3200年左右由苏美尔人发明的书写体系,是世界上最早的文字之一,沿用到公元1世纪左右。

"因此只有利用文字才可能继续发展文明。"塞内克斯赞同道。

"我也认为,不仅是语言,更重要的是文字,使人类成了世界上无与伦比的生物。"

"所以,埃及圣书字——这个专门用来指古埃及文字的词语才会如此美好和充满意义,斯特凡,"塞内克斯说,"它是'神圣的宝藏'。雕塑或石头上的图案传播着由精通这种文字的人写成的文献。——但是,我们还是先看看别的吧。"他指着神庙墙边的一群人说。

介于医学和巫术之间的药方

他们走向前去。"这里是医学的开端,"塞内克斯说,"咒语、护身符、魔法,这些东西在很早以前就有,虽然人们今天不愿意放弃古老的礼俗,但毕竟还是增加了新的内容。在古埃及,医生就是巫师,说得客气点,医生是为病人解除精神痛苦的人。在治疗过程中,他把药物、护身符和咒语混合起来用,试图用这种方法来驱除病魔。他们认为巫术能够战胜最深层的病因。"

"今天我们也许把它称为精神疗法,或者叫心身医学[①]。"

"但是,'巫术'在今天依然很盛行,罗米,"斯特凡说,"现在有多少江湖医生、神医、巫师和靠用触摸治病的神人!"

---

① 也叫身心医学,是一个跨学科的医疗领域,研究社会、心理、行为因素等对人类或其他动物的新陈代谢和生活品质的影响。

"这种人过去有，现在有，将来还会有，"塞内克斯肯定说，"他们一直会存在到人类消亡的那一天，因为人从来就不可能不相信奇迹。至少在古埃及人看来，这个世界充满了神奇的魔力，任何有生命的东西都不能摆脱这种魔力。许多传说中都有耶稣曾向埃及巫师学习的说法，认为耶稣的神奇力量就是从巫师那里学来的。"

他们走到了那群人身边。一个年轻的姑娘躺在石板上，她只穿了一条白色的亚麻裙。"她病了。"塞内克斯说。

姑娘双眼紧闭，她的面前站着一个祭司，祭司身上穿着的豹皮表明了他的身份。他正把一块亚麻布盖到她的胸口，布的上面摆放着一个彩色的护身符。在他身边一张简陋的桌子上，有几个装着碾槌和陶碗的盆子。他用一根施了魔法的绳子捆着姑娘的额头，嘴里念着咒语，试图把恶魔从姑娘体内赶走。

"在古埃及，祭司就是医生，"塞内克斯说，"你们也许知道一个非常著名的名字——伊姆霍特普，他也是左塞尔[①]金字塔的建筑师。他在古埃及被当作治病救人之神受到万人膜拜。除了巫术，古埃及医生也有新的发明。他们在尸体上涂防腐药制作木乃伊时，通过对死人的解剖认识了人体构造，这是前所未有的。他们认识了人体器官的位置，了解了大脑、胃、肝和肾，知道血液是被心脏像泵一样排挤进血管里的，而脉搏显示心脏的跳动。古埃及医生不但治疗骨折和伤口……"

[①] 左塞尔，埃及第三王朝（公元前27世纪）最为著名的法老。埃及历史上第一座金字塔（左塞尔金字塔）是作为他的陵墓建造的。

"但是怎么治？不能光用巫术吧？"

"当然不是！斯特凡。他们对病人使用巫术经常是为了满足某种心理需求，病人及家属对医生充满期待，而医生更多的是从实际出发。最好的例子是医生会把发霉的面包放在伤口上治病。正如你们所知，霉菌能制造青霉素。在治疗伤口及骨头的损伤时，古埃及医生先十分小心地触摸伤口，然后将伤口缝合好，再把新鲜的肉绑在伤口上，每天用油和蜂蜜涂抹伤口，直到病人痊愈。古埃及医生用蓖麻籽油做泻药，用罂粟液给人镇痛，照料成千上万在金字塔建筑工地上干活的人（这些人得到的主要食物是大蒜和洋葱，因为它们能预防传染病的流行）。对于那些有钱的病人，他们常常会在药物里加进葡萄酒或啤酒，因为酒精能让人放松，哪怕这种感觉是暂时的。"

"那么药物疗法又是什么样的呢？"

"首先是从植物中提取药物，或谨慎选择食物、采取禁食疗法，当然还有按摩和催眠术。对了，古埃及医生甚至还会做手术。如果手术失败，医生会受到惩罚，在极个别的情况下还会因此丧命。"

"这真可怕。"

"但同时也很有意义，罗曼，因为这样可以防止医生轻率动刀。不管怎样，外科医学在当时不但已为人所知，而且得到了很好的发展，移植术和补牙也出现过……"

"我们是怎么知道这些的呢？"

"通过木乃伊！我们对世界上任何古老的民族都没有对古埃

及人了解得多,因为他们留下了许多木乃伊和坟墓。木乃伊身上有从颅底骨折到骨髓损伤等各种临床外科病例。此外,我们还知道,古埃及人已开始使用预防性药物,有医学文献为证。这些医学文献依据症状从头部开始对各种疾病进行了分类整理,不但描述了病症,还记录了针对这些病症的治疗方法。那时已经有了血管治疗学。有些医生负责接生,有些负责治疗肠胃病,也有些专治眼疾。此外,古埃及人还希望从医生那里得到染发剂、护肤品、跳蚤药之类的日常用品。古埃及医生靠着内容丰富的药典与病魔做斗争。有一份药物学的文献列举了七百种治疗各种疾病(从蛇咬伤到产褥热)的药物。当然,也必须承认,这类药方中有医学也有巫术。"

"有没有具体的例子?"斯特凡说。

"医生给病人治病用的药几乎无奇不有:蜥蜴血、猪耳朵、公猪牙、腐烂的肉、变质的油、乌龟脑、产妇的奶、处女的尿,以及人、驴、狗、狮子、猫和虱子的粪便。他们还用涂动物油的方法治疗脱发导致的秃顶。"

"听上去简直像是中世纪的恐怖陈列室。"罗曼的声音微微发颤。

"当时的确是这样,有些治疗方法还被古希腊人继承下来了,又传到古罗马人那里,有的甚至经过中世纪一直流传到今天!"

"难道我们也会不加怀疑地吞下稀奇古怪的东西——这些四千年前在尼罗河畔炮制的玩意儿?"斯特凡问。

"可是别忘了,在大多数情况下,古埃及的医生也会采取一些更符合理性的治疗方法。"

"这样的话，古埃及人的寿命到底有多长呢？"

"平均寿命在二十五岁至三十五岁之间，贝蕾妮克。"

"这么短啊！我现在又要赞美我们这个世纪了！"

"主要是因为居高不下的儿童死亡率。在埃及人看来，一个时代大约为三十年——三十年后就该出现一个新法老了。谁能度过自己最初的、最危险的人生岁月，谁就有可能活得长久。不少法老曾统治三十多年，拉美西斯二世①甚至直到在位第六十七年才去世。另外一个不太出名的法老，佩皮二世②，据说在位时间长达九十四年。——走吧。我们等不到看这个姑娘痊愈了。还得去神庙里看看。神庙可是古埃及诸神的家园。"

"在古埃及，神是占统治地位的吗？"罗曼问。

"当然还有法老。不过，即便是法老也把自己当作神的化身。古埃及人把自己终身所拥有的一切都毫无保留地奉献给他们的神。神负责掌管尼罗河的涨水和由此带来的可耕种土地。古埃及人还信奉创世神和太阳神阿蒙－拉、大地之神盖布、智慧之神托特、爱情之神美丽的哈托尔、死神奥西里斯，以及掌管王权的伊西斯。从一份古埃及中王国时期③的棺木经文引用的话中可以发现，那时已经有了类似于三位一体④的说法：始祖神阿图姆在

---

① 古埃及第十九王朝第三位法老，在位时间约为公元前1279年至公元前1213年。他进行了一系列的远征，开辟了埃及新王国最后一个强盛的时代。
② 古埃及第六王朝第五位法老，统治年代可能在公元前2278年至公元前2184年期间。
③ 古埃及中王国时期，包括第十一至十四王朝。
④ 基督教神学术语，认为上帝是唯一的，但包括圣父、圣子、圣灵三个位格。

赫利奥波里斯（古埃及圣地）孕育了两个神——舒（大气之神，天空的化身）和泰芙努特（生育之神），这样，神就由一个变成了三个。这是一个简单的公式，一个从统一产生多样的简单形式。"

"当时古埃及人已经相信一神教吗？"

"这个问题非常好，贝蕾妮克，如果我们谈到法老埃赫那顿①，就不能回避这个问题。是的，当时存在着某种原始的一神教，根据它的教义，所有的神在最早的时候都是一个神，后来逐渐变多，后出现的神都是始祖神的作品。"

太阳之神——阿蒙-拉神

他们面前又出现了一座宏伟的双塔式大门②，这里挤满了人：普通百姓、乞丐、盲人、长疱的人和烂眼睛的人。大部分人（只要没有拄着拐杖）都在说说笑笑，让人丝毫感觉不到庄严和隆重的气氛。这场景给三个年轻人留下了深刻的印象。

"这里是古老世界的一个奇迹，"塞内克斯解释说，"这不仅是座神庙，而且是一座神庙之城，是阿蒙-拉的王国、阿蒙-

---

① 古埃及第十八王朝的第十位统治者，统治时间约为公元前1353年至公元前1336年或公元前1351年至公元前1334年。他放弃了古埃及传统的多神教，建立了单一的太阳神崇拜体系。

② 此处他们看到的是卡纳克神庙，它的建设从公元前20世纪一直延续到托勒密王朝时期（公元前305年到公元前30年）。它是底比斯最大的庙宇，也是底比斯古城的一部分。

拉的财富和阿蒙 – 拉的所在。"

他们沿着一条林荫道向前走，道路两旁有许多红色的公羊雕像。塞内克斯继续讲解着这座神庙的情况。无数法老先后参与建造过这座神庙，庙宇和柱廊不断扩建，以致这个建筑群在几个世纪后依然生机勃勃。"这里有许多祭司。"塞内克斯说道。他们从石雕公羊群旁走过，看见了黑色鹰头神像——一脸高傲和神秘的神情。塞内克斯接着说："每个祭司都被看作法老的代理人，从职务卑微的到身居高位的无一例外。高职位的祭司被称为'先知'或'天堂的守门人'。人们还给他们取了一些别具想象力的名字，如'最伟大的观望者''看得见神的人''手工艺者的最高统领'或'法老、神的爱子'等。除此之外，还有布道的祭司、唱诗班的人、乐师和许多在神庙供职的仆人，当然，还有女人——'阿蒙 – 拉神的妻妾'，她们有的在祭祀活动中唱歌和演奏音乐，还有的在阿蒙 – 拉神后宫小心翼翼地伺候。"

几名神的男仆朝他们走来。这些人没有胡子，脑壳剃得光光的，围着短裙，头上戴着表明身份的莲叶或经过防腐处理的动物头颅。

很快，他们又穿过一道用雪松装饰的门，走进一个建有许多大柱子的院子。

这里的柱子像粗壮的树干，让人产生一种身处原始森林中的感觉。罗曼不由自主地停住了脚步，扬着头往高处看。

"你们看看上面，"塞内克斯说，"这里的一切都对天空敞开着。在古埃及，你们找不到柱子支撑的屋顶，天就是这座神殿的顶。白天，太阳当空照耀，太阳之神阿蒙-拉在一段时期里曾被埃赫那顿法老推崇为唯一的神——阿顿。埃赫那顿将人类最早的宗教诗篇献给了阿顿神，他的太阳颂歌写道：'您在天边闪耀着灿烂的光辉，朝气蓬勃的太阳，您是最早光临世界的天神。'"

"这让我想起阿西西的圣方济各[①]写的太阳颂歌。"贝蕾妮克兴奋地说道。

"真是惊人地相似。埃赫那顿还写道：'您的杰作是多么变化无穷，谁也无法看清您的一切啊，太阳之神，无与伦比的天神，您按自己的意愿创造了世界。'有些学者认为，犹太教上帝耶和华的名字也源自阿顿神，阿顿也是基督教的圣父。此外，人们还推断，这篇阿玛纳时期新太阳神宗教的颂歌在《旧约·诗篇》第一百零四篇中也留下了痕迹。——我们到那块石头上稍坐一会儿吧，正好可以再谈谈埃赫那顿。"

高居王位的宗教创立者

他们坐到一块磨得光光的大理石上。"埃赫那顿是一位高居王位的大哲学家和宗教创立者。"塞内克斯开始说道，"一部名为《关于天堂之门》的宗教文稿中记录了一千多个神。当时的古埃及人认为，所有这些神都是他们需要的，但阿蒙霍特普四世（埃

[①] 阿西西的圣方济各（San Francesco d'Assisi，1182—1226），意大利诗人、修士，方济各会的创始人。他选择抛弃所有的物质财富，过着艰苦的朴素生活，是知名的苦修者。

赫那顿）不同意这种看法。他一步步把这些神都逐出了天国。这样，在人类历史上第一次出现了一种只承认一个神的宗教。"

"就是说，埃赫那顿是一神教的创始人？"

"大家一直都是这样认为的，贝蕾妮克，但是我们必须加以区分。一方面，各个一神教虽然千差万别，它们的创立者（不管是埃赫那顿、查拉图斯特拉、摩西、耶稣还是穆罕默德）都宣称只有一个真正的神存在。另一方面，人们把太阳当成神来膜拜，显而易见是因为太阳使万物生长繁衍，这是很好理解的。但与此相反的是，人类还有一项特殊的精神创造，在太阳之外，人推想出了一个上帝，它不但创造了人和人所处的地球，而且还创造了太阳和苍穹。"

"您是指犹太人？"

"犹太人是其中一个例子，罗曼。古埃及人创造了一个亲切友好的太阳之神，而犹太人的上帝耶和华却规定了严格的道德戒律。"

"可是，一种信仰或一种宗教到底是怎样形成的呢？"

"我想，贝蕾妮克，宗教是对一些无法回答的问题的答复。此外，人类对宇宙的神秘力量随意强加在自己身上的命运无法完全承受，这就产生了信仰。在人类最古老的诗篇中就记述了人类的绝望和向上帝的求助。"

"但是，所有的上帝，不管他叫什么，都是不符合理性的，是人类自己造出来的。"

"你说得也对，也不对，斯特凡。因为我们不知道什么是真正的现实。你认为每种宗教都创造了一个非理性的世界,这是对的。信仰也创造了一种现实,人们能在这种现实中安全地生活,而没有这种臆想的现实,人类常常根本无法承受真实的世界。除此之外,人们无法接受死亡,因此在信仰与人们对死亡的思考之间也有一种无法切断的联系。"

"我承认,对神恩的期盼能使人终身感到幸福,哪怕这种期待与理智是矛盾的。然而,据我所知,今天有些宗教的东西甚至被搬到了自然科学的实验台上。"

"但是,也有些人通过祈求上帝的恩赐而得到安慰,斯特凡,"罗曼大声说,"你想剥夺他们得到的这点安慰吗?"

"不是!"

"我能感到上帝的存在,这就说明上帝的确存在。"罗曼说。

塞内克斯继续说:"我们还是回头再谈谈埃赫那顿吧。他禁止人们崇拜那个时代宗教所信奉的神,古埃及人曾经具有的对外来神和宗教的包容被取代了,除了阿顿神以外,他不承认任何神的存在。"

"不容异说的做法就是这样开始的。于是,诅咒超过了恩赐!这是所有一神教的特点。"

"对于这一点,我们可以讨论,斯特凡。在把太阳之神阿蒙–拉改称为阿顿以后,埃赫那顿下令关闭了全国所有其他神庙。此外,为了彻底消除其他神在人们思想上的影响,他还进行了大规模的追捕。埃赫那顿甚至派大批石匠到努比亚去铲掉他所憎恨的阿蒙–拉神像,卡纳克神庙里阿蒙–拉的名字首先被抹去了,就连方尖碑的尖顶也被铲平了。人们不但不能提到阿蒙－拉神,就连'众神'这个复数概念都不许再使用了。"

"这是地地道道的宗教激进主义!埃赫那顿是怎么想到这一点的?"

"当然有先驱者,斯特凡。很早以前,人们就想简化众神的天堂。在埃赫那顿之前就有太阳颂歌了。也许刚才引用的太阳颂诗不是他自己写的,而是他借用了前人的诗句。与犹太教、基督教和伊斯兰教的一神论不同的是,埃赫那顿的阿顿神不是看不见、充满神秘色彩的精神产物,不是超验的造物主,而是一种看得见、燃烧的物质,它处于高级的精神层面并受人膜拜。此前,一个聚满神灵的天堂包围着世界,在这个天堂中,众神掌管出生、死亡、性、植物、天空、月亮和星星,现在所有这些神灵的作用都归为太阳。由此,埃赫那顿抬高了自己,因为在他之前的十八个古埃及法老都自称太阳王。这种全国性的宗教更能提高他所崇拜的神的地位,因为它把其他神的光辉熄灭了,最高的阿顿神取代了所有的神。"

"我认为,古埃及人对太阳的崇拜,或者说每一种对太阳的崇拜,都能使人与神更接近。人们能感受到太阳的出现,能看得见它,用自己的皮肤感觉它的威力。"罗曼说。

阿顿神的城市

贝蕾妮克问:"埃赫那顿给自己另建了一个城市吗?"

"是的,阿顿之城位于开罗和卢克索之间的沙漠地带,名为阿玛纳。今天所说的阿玛纳文化就是从这里来的。这座城市的名称在古埃及语中发音'埃赫那顿',意为'阿顿的地平线'。"

"它与别的城市有什么不同吗?"

"没有太大的区别。埃赫那顿主要是想在这块从未开垦过的土地上为他的阿顿神建造一座城市。这个城市中没有其他神的一席之地,人们专门敬拜阿顿。信徒的眼前也不会像在别的地方(如卡纳克)那样不断有宏伟的阿蒙–拉神庙晃动。这座城市很快就建设好了,当时肯定有真正狂热的建造激情。在阿顿神庙之外,埃赫那顿还为自己建了小教堂,另外还有很大的宫殿。国王大道成了一条繁华的大街,富丽堂皇的楼宇由石灰岩砌成,并用雪花石、石英石和花岗石的雕刻装饰。王宫沿着尼罗河边盖了七百米长,宫殿里面装饰着名贵的画,镶嵌了许多工艺品。要进入王宫的正殿,必须通过一个巨大的柱厅,宫殿的内院陈列着比真人还大的法老和王后的巨型塑像。王宫里有两个后宫,它们之间由一个长满绿树和灌木丛的花园隔开,花园中间有一个游弋着鱼和水鸟的池塘。宫内有一条路直通尼罗河和王家游船。现在,这一切都烟消云散了,只留下一些艺术品作为历史的见证。埃赫那顿有意识地把艺术当作宣传新宗教的工具,由此也产生了一种新的艺术风格。"

"您说的是纳芙蒂蒂王后的塑像。"

"不只是王后塑像，罗曼。后来的发掘使许多雕塑重见天日，它们都是古埃及的艺术珍宝。大部分雕塑是表现埃赫那顿的。法老埃赫那顿、王后纳芙蒂蒂和王子的许多半身塑像和浮雕给人留下很深的印象。纳芙蒂蒂的半身像肯定是最著名的，可能也是最漂亮的，这个雕塑现在陈列在柏林的博物馆。纳芙蒂蒂塑像在人类的艺术创作中有很重要的地位。人们不知道这个作品的创作者是谁。在古埃及，艺术品经常是不署名的。和其他地方一样，石匠和浮雕艺术家主要在东部山区扩建并装饰岩洞墓穴、刻写碑文，但是他们不能留下名字。然而，纳芙蒂蒂塑像证明，当时的造型艺术已经发展到了很高的程度。这座雕塑的形式后来演变成了一种风格——匀称的面部线条、高高耸起的王冠，给人一种感性而又沉静的感觉。另外值得一提的是，她的名字的大意是'美人来临'。"

"可是阿玛纳城呢？它留下了什么？您刚才说，一切都烟消云散了。"

"是这样，贝蕾妮克。现在只留下一片废墟和荒漠。阿玛纳本应该是永恒的，它会一直存在，'直到天鹅变黑，乌鸦变白；直到群山起来走路，河水往山上倒流'。然而实际上，在这个城市建成后不到二十年，就在埃赫那顿死后不久，它就被废弃了。后来的法老拆毁了阿玛纳，并下令把拆下来的石块搬到尼罗河西岸，用它们来为阿蒙－拉神和以前所崇拜过的诸神建造新的庙宇。因此，我们现在又在卡纳克的神庙里了。我们继续往前走吧。"

塞内克斯站起身来，他们穿过门洞，走在石头铺成的大道上。

"这里的夜晚肯定也很漂亮。"罗曼说，而斯特凡却在一旁沉默不语。他为这里的建筑和艺术——高耸的石柱、带有柱廊的教堂以及教堂里的画和碑文赞叹，但是这种宗教的精神却让他感到陌生。

把你的身心献给丰富的学识

塞内克斯指着一栋黄色的小楼说："看，那是一个祭司的房子，他同时还是一个能写会算的书记员。这是世界上最早的学校之一，那时就已经有教书匠写文章来阐述教育的益处，他们号召：'把你的身心献给丰富的学识，像爱母亲一样热爱学识，因为没有什么比它更宝贵。'不仅如此，那些热衷学问的人甚至还写道：'当兵是不幸的，种地是辛苦的，唯一的幸福就是把全部身心献给书本。'"

"那么，书记员这个职业受人尊敬吗？"

"这个职业尤其受到年轻人的青睐，贝蕾妮克，因为它能使他们从繁重的体力劳动中解放出来。"

他们走到一扇开着的窗户前，朝里面一看，几个光着身子的男孩正蹲在已经踩平的黏土地上，往陶土制的小黑板上刻写埃及圣书字。他们的面前蹲着一个老师，身上只围了一块布，布的前角从大腿根部穿过去，固定在背后的带子上，看上去像一条兜裆裤。他手里拿着一支笔,耳朵后面还夹着一支。

"无法想象,没有书记员,古埃及王国会是什么样子。"塞内克斯解释说,"他们是管理部门的支柱,他们记录已完成的工作、商品、价格、费用、利润和亏损,给赶进屠宰场的牲畜计数或称量粮食,起草报告和遗嘱,计算税款。一开始他们只在陶土碎片上刻写,后来在成卷的莎草纸上书写。这种莎草纸是用一种生长在尼罗河淤泥中的亚灌木的纤维制成的。在古埃及,这种莎草纸的制造已经发展成了一门能盈利的手工行业,并带有一些工业生产的特征。埃及是第一个把莎草纸和羊皮纸用于书写的国家。较高年级的学生可以使用莎草纸,这种纸是当时的主要交易物品。"

"这是古埃及送给人类的最重要的礼物之一。可莎草纸是怎样制造出来的呢?"

"用莎草纤维做的,罗曼。先把草茎剪成很窄的细条,再把别的草条放在上面,然后压成纸张。这种纸张可以装成书——把一页纸的右边与另一页纸的左边贴在一起,最后可以形成长达四十米的书卷。"

"那他们用什么写字呢?"

"用黑色的、不易褪色的墨水,这是一种混合着炭黑和植物胶水的液体。书写以简单的芦苇秆作笔,笔端是用很细的毛刷做的,古埃及人不但用它写商业文件、记账,还用它写出了人类历史上最早的文学作品。"

"请再给我们讲讲文字,讲讲古埃及圣书字。它们看上去像绘画的符号。"

"这个印象是错的,罗曼。圣书字虽然画的是人、动物、植物和一些别的东西,但是这些不是纯粹的象形文字。圣书字的意符(指示含义的符号)是对某个文字所做的符号说明,比如人们在表达某种活动的概念后面附上一个挥舞着的手臂的图像,或是在某个专有名词后面画上一个坐着的人。大部分埃及圣书字还有音符(指示发音的符号)——它们与图画的意义毫无联系。此外,一些符号看上去很符合逻辑,如人们用两个不同的符号表示'出行'这个概念,用两个符号表示'小船':一条扯起风帆的小船表示'到南方去',因为逆尼罗河河水而行需要扬起风帆;而要表达'到北方去'的意思,就画一条卷起风帆的船,也不画桨,因为船只完全可以顺水而下。经过了很多年,人们才终于能读懂古埃及圣书字。关于古埃及文字我们就谈到这里吧。地中海东岸的腓尼基人最终给人类送来了由二十二个符号组成的字母表[①]。"

猫女神巴斯特的神圣动物

"趁还有一缕阳光,我们到尼罗河岸边去看看,"塞内克斯提议道,"从左边这条街可以走到河岸。"

[①] 腓尼基人定居在古代地中海东岸的一个区域,擅长航海和贸易,建立了许多城邦。在公元前1000年左右,腓尼基人以原始迦南字母为基础,将古埃及的部分圣书字和简化后的楔形文字合并,设计出了二十二个腓尼基字母。

"去尼罗河！"罗曼大声叫道，他的声音带起了一阵回音，"真像在梦中一样。"

贝蕾妮克也很兴奋："虽然已经快到晚上了，但是我根本不敢去想要回到我市区的家，只怕离开这个公园之后就再也不能回来了。也许我明天早上在床上醒来时，这里的一切就再也找不到了。还有许多东西没看呢！"

塞内克斯含笑看着她。他很喜欢这个姑娘，所以听到贝蕾妮克说喜欢这里，他十分高兴。塞内克斯说："时空都不存在了，你们不用回家，一切都准备好了。公园里有一家小旅舍。只要你们愿意，我们就可以不离开这个公园。"

他们异口同声地答应了。

"好吧。我们睡觉之前，还可以在旅舍再聊。夜晚对于我来说像白天一样重要，甚至比白天更重要。——现在我们还是先去河边吧！"

塞内克斯和三个年轻人从旁边一条热闹的辅路走过，这条路比神庙前的林荫大道稍微窄一点。他们的影子一直在身前，太阳越来越快地向西边、向利比亚的沙漠落下去。

这里也有无数人在跑来跑去，背着陶罐和筐子。大大小小的孩子们在一起玩耍、围着圈跳舞。

突然，贝蕾妮克惊奇地大叫了一声："看那儿！那里……"她指着一栋房子的门口说。门口蹲着一只棕黄色的猫，两只耳朵高高地竖起，它很瘦，尾巴在身前绕住自己的爪子。

"你的观察力很强，"塞内克斯说，"这是最早的家猫！人们在美索不达米亚也发现过猫，但是不能确定那里的人是否把猫养在家里。在古埃及，猫确实存在，它们属于这个国家，猫被当成猫女神巴斯特的神圣动物受到尊崇。猫是家园、母亲和孩子的守护者，因为它能把老鼠赶出粮仓，帮助法老养活他的国民。巴斯特是一个开朗、快活的女神，她喜欢自己的节日。她有自己的城市——尼罗河东三角洲的布巴斯提斯，这个城市有许多巴斯特女神的神庙。人们从远处赶来庆祝她的节日。这种活动一般要持续很多天，人们跳舞、供奉祭品，还有一个集市，那里有人玩游戏、讲故事、变魔术，当时肯定是热闹非凡，因为据说有七万人参加。"

贝蕾妮克蹲下身去逗猫，它真的走到她身旁，扬起前爪去摸她的腿。塞内克斯让她玩了一会儿，然后叫道："那里就是神圣的尼罗河，古埃及生命和文化的摇篮！"

贝蕾妮克又忍不住回头再一次摸了摸猫，然后站起身来。他们从狭窄的街道中走出来，突然觉得视野变得极其开阔，在他们的面前奔腾着一条南北走向的淡棕色河流。

一种能聚风的翅膀

他们漫步在岸边的林荫道上。一堵高墙向北延伸，墙的后面是公共建筑和王子的宫殿。河堤的斜坡上种满了椰枣树和棕榈树，深绿的芦苇长得非常茂盛。夕阳的余晖给一切都披上了一层绚丽的色彩，太阳之神阿蒙－拉受到万人崇敬和膜拜。每天早晨，太阳从东边沙漠上那光秃秃的山顶冉冉升起，每个夜晚又在西边徐徐坠落，人们普遍把西方设想成宏伟壮丽、变化多彩的极乐世界。

塞内克斯小声赞叹着："我十分理解古埃及人对尼罗河的歌颂：'祝福您，啊，神圣的尼罗河，是您让两岸披上了绿装。'"他指着眼前的河流说，"古埃及最早的小船是用捆绑在一起的莎草茎做成的，后来大部分是用芦苇秆编成的。最为突出的是他们很重视风帆的作用，没有人知道是谁发明了风帆，但是古埃及人已经在利用风帆行船。从根本上来说，风帆就是一种翅膀——像鸟的翅膀一样，它把风力传送到船上。在学会用火以后，风帆的发明是人类第二次把自然的力量运用到自己的劳动中。"

这条河上活跃着无数艘运输石头的货船、装饰豪华的小舟，以及运送牲畜和粮食的商船。

河岸停泊着一艘工料考究的木船，船身装饰着金银饰品。一群爱看热闹的人在看工匠制作和修补船只，贵族的轿子从旁边走过。

塞内克斯大声喊道："过来，我们到尼罗河的对岸去，我想让你们参观一次葬礼——没看过他们的葬礼，你们就错过了一件对于古埃及人来说十分重要的事情。"

他们沿着河堤的台阶走下去，下面有一艘宽敞一点的船在等着，船夫伸手将他们扶上船。船上不止他们三人，他们刚刚踏上甲板，两个奴隶就开始顶着斜向逆流的水划桨，把他们送往河的对岸。这时他们又一次看到了许多用芦苇捆扎成的小船,它们在河的两岸之间穿梭。也有稍大一些的船从南边——也就是从尼罗河的上游向他们驶来,还有些船由北向南驶去,因为是逆水行舟,它们走得十分缓慢。有几艘船,特别是大船,靠河岸的纤夫往前拉动。

塞内克斯指着一只稍小一点,但装饰特别漂亮的小船说:"这是一艘用雪松木打造成的圣船,它由岸上正在举行某个宗教仪式的队伍拉着往前走。"

许多小船和帆船也向北行驶,顺流而下。掌舵的人皮肤晒得黝黑。"那里是尼罗河的河口,"塞内克斯手指着一个地方说,"就是富饶的三角洲。"

画满图画的棺柩

他们满怀好奇地到达了河的另一岸。下船后,沿河岸的斜坡走上去,到了堤上,他们就融入了人流中,因为这时正有一个送葬的队伍经过。围观的人群默默地注视着,人们正在从一艘停泊在岸边的小船上抬下一具棺柩,棺柩的外壁画满图画。棺柩里装满了与死者有关的物品。十二名奴隶在队伍的最前端等着,他们肩上扛着玫瑰色的雪花石膏罐子。

"罐子里装的是给死者预备的食物和贵重的油膏。另一些奴隶把装着死者衣服和珍宝的雪松木长箱子扛到一辆牛车上,车上摆放着四个容器，装有经过防腐处理的死者内脏。每个容器上都有一把鹰头锁，代表着鹰头天神荷鲁斯的四个儿子。它们是死者的守护神，分别代表东南西北四个方向。这些烦琐的准备和隆重的仪式减少了古埃及人对死亡的恐惧。"

送葬的队伍缓缓前行，公牛用力向前拉车，装载棺椁的滑橇开始滑行。走在队伍最前面的是一位祭司，他身上裹着多褶的蓝色布袍，嘴里唱着虔诚的圣歌。走在他身后的祭司们将运载棺椁的灵车团团围住，在他们后面还有一群祭司跟着，最后才是死者的亲友和送葬的队伍，他们都低垂着头。充满痛苦的哀诉响成一片，女人们一边抓起泥土撒在自己头上，一边号啕大哭。

就这样，送葬队伍一直走到光秃秃的山上，整个过程大约持续半个小时。在坟墓（一个砂岩洞穴）的入口处，送葬队伍停下来，人群往后退几步，女人们也停止了哭泣。人们把棺椁从滑橇上放下，直立在地上，祭司们围在一起，其中有几个人手里拿着敬神用的香筒，嘴里默默地祈祷着。灰色的香烟在岩壁前像雾一样往上升腾，飘飘忽忽地，最后消失在越来越清晰的薄暮的空气中。

"现在他们把祭神的酒倒出来，"塞内克斯小声说，"随后一位祭司将拿着一把圣刀走到前面，开嘴仪式开始了。这个仪式只有象征意义，并不会真正去碰死者的嘴，只是表示这样做就能使死者重新开口说话。——不过，我认为你们看得够多了，对于我们这些性急的人来说，这个仪式持续时间也太长了，因为送葬的人要在新的墓穴前守护四天四夜。我们到那边看看，只有几步远的地方就是一个墓穴,我们可以进到里面去。"

在一个没有任何装饰的正方形入口,奴隶递给他们几个点燃的火把。他们侧身依次经过一个狭窄的井口,钻进山洞深处。在忽明忽暗的光线下,出现了一派远古时代的景象。人在有生之年所经历的每个夜晚的黑暗,是死者死后在冥府中必须时时经历的。守护在墓室的神是阿努比斯,这位长着胡狼头的神专门为死者开路。

"胡狼是沙漠的居民。在见到阿努比斯神以后,死者要么受到托特神的诅咒,要么得到赦免。——人们希望奥西里斯神带领他们过上幸福的生活。"

通道的岩壁上有许多绘画,直到他们进到深处的墓室(这个地方有一间房那么大),他们才看到洞壁上的装饰。棺材放在房子的中间,他们缓慢地沿岩壁绕着棺柩走了一圈,用火把照亮岩壁,可以看到壁画中有献祭的食物、饮料和葬礼的场面:跳舞的人、献祭品的人、船,以及送葬队伍中哭泣的女人。

塞内克斯小声说:"你们仔细看看那边,那些东西在以前的历史上从来没有出现过。"

他们看见了鱼、鸟、猎人、各种各样的野兽和植物、棕榈树和生长茂密的绿色芦苇。

塞内克斯指着一幅画说:"坐着的是死者——这间墓室的主人。他坐在自己的画架前,画着四个季节。我们知道,四季代表天神荷鲁斯的四个儿子。他右手握着笔,左手托着颜料盘,肩上挂着调色板。在另一边,我们看见这个人和他的妻子、仆人在一起，而对面又画着他和妻子坐在一艘莎草茎编的小船上。"

"他在干什么呢？"

"他在用鱼叉叉鱼，罗曼。小船上他的两个仆人在用镖枪叉河马。那边还画着这人和他的妻子在沼泽地里捕猎。天空中到处飞着各种鸟类，河水里满是鱼儿在游动。古埃及是一块物产极其丰富的土地。"

"他的妻子总在他身边，这真好。"

塞内克斯点头道："我们已经说过的，贝蕾妮克，在古埃及，女人是家庭的主宰。"说罢，他指着另外一幅壁画说，"这里画的是把牛赶过河去，人们在那里杀牛。那里有人在压葡萄汁，还有仆人在花园工作。古埃及人热爱自己的土地和花园。这些花园是纯粹的奢侈品，只有赏心悦目的用途，其中仅仅种植花朵，而非蔬菜等生活所需！这并不是一种全新的现象，人类很早就开始追求一些没有实用性的美。石器时代的人就会打扮自己，在人类最早的城市耶利哥，人们制造的陶器中也体现着审美的愉快。但花园（这种没有实用性的园艺）是在古埃及才发展起来的，他们把这种艺术从最基本的形式很快发展到了后人无法超越的境界。"

三千年或更久

"你刚才说'很快'，但是古埃及文化经历了三千多年，在如此漫长的时间中，艺术也在不断变化和发展。"

"你说得对，斯特凡，但也有错误的地方。因为最早的艺术，或者说古埃及前王朝①的艺术已经达到了令我们惊叹不已的高度。此后的艺术当然会有变化、修改、完善（甚至可能是过度完善），但相对于文化萌芽出现所经过的漫长时期，这演变的阶段又是多么短暂……"

"那我们必须追溯到……让我想想，我们马上就到 2000 年了，向前三千年，那我们又要进入古埃及时代了。"斯特凡嘟囔着说。

"是的，我们必须向前追溯欧洲走过的整个历史进程：中世纪、民族大迁徙、古罗马和古希腊。这还不够，还得往前推算一千年，这样你们就对古埃及文化的漫长过程有了概念。你们便能感觉到，从根本上来说，所有的变化相对于漫长的时间是多么微不足道。古埃及文化在变化中的这种泰然自若，也许与高度发达的中国文化最为接近——中国文化从古至今几乎没有什么变化，任凭人类文化长河奔腾不息，却始终坚持自己所固有的文化，也许这一特点正是某种真正文化的标志。"

"这么说您对我们今天的时代并不欣赏啦。"贝蕾妮克说。

塞内克斯高举起手中的火把："这一切是多么富有装饰性，却又充满生机。一切都展示在我们面前：这个男人在倾听妻子弹奏竖琴，而妻子也在看丈夫下棋——是的，人们那时有时间

---

① 古埃及前王朝时期：又称史前埃及，是古埃及文明的第一时期，约从公元前 6000 年开始，至公元前 3000 年结束。

娱乐，他们唱歌、跳舞。我们对古埃及人之所以知道得这么多，是因为他们把自己的整个生活，包括他们的农庄、房屋、宫殿、仆人、家庭和孩子，甚至他们的游戏都刻画在墓穴的墙壁上。他们想把生前的一切都带到死后，因为他们太爱自己此生所拥有的生活，并不渴望有遥远而不现实的天堂存在。"

斯特凡陷入了思考中。在他看来，虽然这些古埃及人的生活还有许多欠缺，但是他们总是紧紧附着于生存与生活本身。这一点之所以显得如此突出，是因为在现代社会，由于技术和对环境的破坏，这种最基本的生存和生活的意义已经动摇了。现代人确信，人类的历史将以一个巨大的灾难结束，而且这个灾难很快就会到来。

塞内克斯继续说："墓室里所有的壁画都得归功于人类对死亡的恐惧。有意识、能思维的人类对死亡怀有极大的恐惧。在古埃及，死亡第一次创造了如此丰富的艺术作品，而且又以如此了不起的方式表现出来——这种方式后来再也没有出现过。"

"那么到底有没有一种比死亡更能强烈地刺激人类思考的事物呢？"斯特凡沿着这个思路穷究不舍。

谁是艺术家？

"有一点我们不能忘记，"塞内克斯说，"在这类豪华的墓室里，安息的只能是法老、高官和富人，穷人绝不可能享用这种奢华。那些农民、奴隶和做工的人只能蜷缩在自己的坟墓里，没有碑文、没有雕塑、没有壁画，也没有对永生的期望。"

"可创作这些作品的艺术家是谁呢？不仅仅是这些壁画的作者，我还想知道是谁创作了雕塑，创作了法老的头像和神像。"

"我们只知道几个名字，罗曼。他们不在自己的作品上署名，他们的名字也很少被人提起，就像人们不会知道某个制作精美的手工艺品出自谁手一样。在古埃及，艺术几乎总是为了追求永恒，这点也是它们和今天的艺术之间的区别。艺术家创作的这些墓穴塑像、浮雕、画像不是从生者的眼光出发，不是为了装饰、娱乐或排场。它们都服务于死者，是神秘的咒语和灵魂的家园。古埃及艺术家与他们的传统紧密相连，他们的创作大部分是根据样品和预订进行的，他们从国家的珍宝馆得到素材，由委托人支付报酬。一般情况下，一件作品会经几道工序、由不同的人完成，创作者也仅仅把自己看成工匠，我们今天的艺术家所能获得的崇高荣誉，对于那个时代的人来说是陌生的。但尽管如此，人们还是尊敬他们，用'奉献生命的人'或'创造生命的人'等高尚的词汇称呼他们，并把他们接纳进上流社会的社交圈子。这已经预示着某种发展，这种发展一直保留到今天，在今天甚至更为过分。有一个特别现象我必须告诉你们，当时，所有为墓穴工作的艺术家，无论是石匠、画家、雕刻家，甚至挖土的人——都被圈在小城专门安葬死人的山上，他们不能离开，完全与世隔绝。"

"多么少见而又残酷的做法，可为什么呢？"

"原因是显而易见的，贝蕾妮克。不能让他们把墓穴里有多少珍宝的秘密泄露出去。有专门的人给他们提供所需的东西，但外人只能把东西送到小城的门口。他们给后世留下了极其丰富的记载，给我们讲述了那个时代的生活。不管怎么说，作为'艺术家'，他们没有得到我们认为的应有的尊重，而是被当成囚徒看管起来。当我们把古埃及与天堂相提并论时，也不应该忽略这天堂中的黑暗角落。总之——不管我多么想赞同你们的观点，但是请别忘记，所有这些富丽堂皇的建筑、庙宇、宫殿和金字塔的建设，都是上千年强制劳役的成果。"

"金字塔！我们还没见过一座金字塔呢！"

"是的，这是一个遗憾，贝蕾妮克。但是现在时间已经太晚了，天也黑了。今晚我们到了住处后，会再谈到金字塔的。"

说完，塞内克斯举着火把，转身从狭窄的通道朝上走去。他们越往上走，空气越新鲜，现在他们才意识到墓室里弥漫着的霉味。

第一晚
时间害怕金字塔

法老墓和希腊神

舒适的小旅舍

当他们来到室外时,那荒凉的死亡之山消失了。他们走进一座花园,沿着花园小路前行,小路旁有低矮的电灯照明,灯光照在花草丛中,折射出晶莹剔透的绿色,使周围的一切看起来像童话世界一般。

"这是我们旅舍的入口。"当塞内克斯说这话的时候,他们已经到了一道小门前,门自动开了。旅舍的前厅很小,但是布置得很舒适,里面有带弹簧的沙发、桌子、柜台。柜台后没有人,柜台上却并排放着四把带房间号码的钥匙。塞内克斯什么也没说便拿过钥匙,给他们三人每人一把。

"在房间里,你们能找到过夜和明天所需的东西,有毛巾、肥皂、牙刷和剃须刀,还有睡衣、干净的内衣和新衬衫。"三个年轻人已经很疲倦了。

"你们先洗洗，休息一下，二十分钟后下来。旁边的这间房里有自助餐，我们到时还可以边吃边聊。"

他们从楼梯上去，楼上有带冷气的单人间，舒适程度和今天的酒店没什么区别。

当然这一切在他们看来都有一种不真实的感觉。他们各自洗完澡，在床上躺了一会儿，听到敲锣声后，便去楼下吃饭的小房间会合。

塞内克斯领他们走到一张桌子旁，旁边的餐饮台子上放着食物，还有饮料。

四人分坐在桌子两旁。斯特凡坐在塞内克斯一侧。没能坐到贝蕾妮克身边，他并无不快，因为坐在对面反倒更适合互相打量。这让他感到温馨，因为她的存在能使他相信，她与他属于同一时代，而不是一个遥远的幽灵。

用石头堆起来的山

"现在让我们谈谈金字塔。"刚刚填饱肚子，塞内克斯就打开了话匣子，"的确，我至少该让你们看一座这种人类靠双手用石头堆起来的山，但是我们在古埃及停留的时间已经不短了。停留那么久是有原因的，从古埃及，我们接触到了所有文化的开端——这点我已经讲过了，对吗？在古埃及，人类自身终于'完工'了（如果我能这么随便表达的话），可以说在古埃及时代，人的进化实际上已经结束。那时人们能熔化矿石、对金属进行加工、使用轮子,并用工具来运输物品和制作陶器。

"人们已经能用蜡烛照亮黑夜,能在金属做的镜子里照见自己。我再强调一次,与古希腊、古罗马和工业革命前欧洲其他民族在十九世纪所掌握的工艺技术相比,古埃及人在各个领域都占有明显的优势,只有现代社会才超越了古埃及。"

"可这能说是一种超越吗?"斯特凡问。

塞内克斯笑着继续说:"古埃及人建造几公里长的堤坝,把绿洲里的水汇集成一个湖,他们开垦了两万五千摩根①的沼泽地,建造起取之不尽、用之不竭的水库。他们借助于自己制作的沉箱修渠道,渠道从尼罗河一直通到红海;这些水利工程的建设需要远距离运送成千上万吨淤泥。他们还制定了度量衡,并研制了有刻度的秤。同时,建筑技术也在不断改进和发展。他们用石头或砖块建造宫殿,这些石头和砖块之巨大,令我们今天仍惊叹不已。金字塔属于其中最伟大的建筑。它首先需要一种前瞻性的构思,一种超常的想象力,然后根据这种想象制订计划。制订这个计划需要数学知识,而要实现这个计划,就需要有高度发达的技术;利用这些技术,古埃及人从山里开采成吨重的石料,装卸和远距离运送大石块,最重要的是能把石块传送到高处。如果我们相信希腊历史学家希罗多德的说法,或者依据古埃及浮雕所表现的内容,那么这种巨大的石块是由上千个男人用上过油的杠杆搬

---

① 德国等国的旧土地面积单位,1 摩根大约等于 0.25 公顷。

动,从专门搭好的斜坡上运送上去的。显而易见,这是一种十分辛苦的劳役,但是古埃及人却把这种劳役当作做礼拜,认为这是天神要求他们去尽的义务。在金字塔建筑工地苦干的至少有十万人,有泥瓦匠、和灰的小工、工头、石匠、木匠、测量员、工程的组织者和建筑设计师,此外还有大批劳动力,他们把石块从山体上切割下来,运到山下,再装上船运往建设工地,那里有他们居住的棚屋。祭司也在工地敬奉香火,祈求上苍的保佑。无数的人汇集到沙漠上正在建设的金字塔周围,而这所有的人,包括他们的家属都能得到食物和衣服。当然他们常常干到精疲力竭时才停下来休息。许多人死于过度劳累和瘟疫。"

"那为什么要建金字塔呢?"

"金字塔的最终谜团一直没有破解,贝蕾妮克。不管怎样说,它们首先是墓穴,是法老的陵墓,金字塔的建设是为了确保法老获得永生……"

"多么自私的行为。"

"绝不是这样,斯特凡。因为人们相信法老在另一个世界还能运用自己的力量赐福给这块土地。所以在今天还有一种著名的说法,认为吉萨金字塔群[①]是沙漠中人类信仰的纪念碑。四个三角形相交在一起,彼此倾斜,最后在顶端达到统一。它的一面迎接冉冉升起的太阳,另一面接收午间的热量,第三面送走西沉的落日,第四面转向永恒的夜晚。其中最大的胡夫金字塔

---

① 位于吉萨市郊,修建于第四王朝时期,包括胡夫金字塔、哈夫拉金字塔、孟卡拉金字塔、狮身人面像等。

有圣彼得大教堂、米兰大教堂、佛罗伦萨大教堂、伦敦的圣保罗教堂和威斯敏斯特大教堂这世界五大教堂的总和那么大。现在我给你们提个问题——这些金字塔到底证明了什么？"

三个年轻人面面相觑，最后斯特凡说："我们不知道您指的是什么？"

"我认为，这些金字塔表明，一项超越人力的非凡成就的达成，不取决于运用何种方法、有没有挖土机和起重机，甚至不取决于是否使用轮子和轱辘，而取决于人的意志。"

"或者说取决于人的想象、信仰和动机。"罗曼补充道。

塞内克斯回答说："你说出了我的心里话。"贝蕾妮克用赞赏的目光认真地望着罗曼。斯特凡感到像被什么蜇了一下。

"当然，金字塔的建设也持续了好几十年，"塞内克斯说，"在这项巨大的工程背后，肯定有一种强大的意志和伟大的信仰支撑着。建造一座金字塔需要采凿、运送和堆砌两百多万块石料。埃及有一句俗话完全可以说明这点：'世界害怕时间，但时间害怕金字塔。'"

说完，塞内克斯沉默了，三个年轻人看出塞内克斯似乎正在考虑什么问题。

终于，塞内克斯开口说道："我不想隐瞒，金字塔的建设还有另外一面。古埃及人曾经抓了成千上万的努比亚奴隶，把他们投进这项十分艰苦的劳动中，他们为此付出了生命。"

"不管怎样说，这的确有损于这个世界奇迹的光辉。"贝蕾妮克小声说。

"金字塔建设的这一面太黑暗了,我本来想绕开不谈的,"塞内克斯回答说,"你们肯定也觉察到了我的这种犹豫。但是无论怎么说,相对于当时使用的简单工具,建设金字塔的劳动效率是非常高的。被我们看成史学之父的希罗多德解释说,胡夫法老的金字塔最高,为了建造金字塔,他把国家推向了不幸的深渊。至少同时有十万以上的人在为建造金字塔卖命——每三个月换一次人。"

"难道这还不能说明修建金字塔是一种奴役吗!"

"确实是这样,罗曼,谢谢你说出来。"塞内克斯如释重负地说,"不管怎样,事实如此。法老们只能通过使用最残酷的惩罚(包括用木桩将人刺穿)才能达到目的。干活的人生活条件极为恶劣。根据古希腊的记载,当时给奴隶的供水限额很低。由于劳累过度、高温、干渴和事故,至少有四分之一的劳工丧生。"

"每年十万?"

"在先后持续五六十年的金字塔建造过程中有五百多万人丧生,斯特凡。"

"那尼罗河不就成了万人墓!"

"金字塔是人类历史上最恶劣的劳改场,罗曼,"塞内克斯嘟囔了一句,"我也不愿相信。有人说古埃及圣书字中的金字塔含义是'死尸山',我很怀疑,我认为圣书字中的尸体是指法老的尸体。当然,没有牺牲品,就肯定建不成金字塔。非常遗憾的是,在进化公园的参观过程中,我们还会碰到无数这一类的残忍故事。人类在折磨别人时总是花样百出的。"塞内克斯终于可以结束这个不愉快的话题了,他好像松了一口气。他接着说道,

"最大的几个金字塔主要建于早王朝结束和古王国①开始的时期。后来出于安全的考虑,古埃及首都从尼罗河入口处的孟菲斯迁到了内陆的底比斯,人们也把死去的法老安葬在地底下,安葬在历代君王安息的山谷里。你们今天看见过一个类似的坟墓。"

谁也没有再说一句话。

独一无二的行星

过了一会儿,斯特凡一边用手指把面包块捏成碎屑,一边说:"我真想设身处地地想一想这些人的宇宙观。他们在艺术、技术、科技等方面如此发达,可他们对这个世界却知道得那样少——当然,我指的主要是我们知道的东西。他们对宇宙大爆炸一无所知,也不了解宇宙的起源,不知道宇宙是无边无际的;他们既不知道银河系和星云,也不了解地球的大陆和海洋;他们甚至无法让想象超越自己的视线,因为他们看不见超出视线的东西。我们是最早能够看到地球在宇宙中独自飘浮的人。在此之前,人们顶多只能想象,但人们的感官一直停留在地球上。现在不同了——每个人都能看见在月球上或宇宙空间拍摄的地球图像!但这是否改变了我们对这个独特星球的态度呢?"

"很遗憾,没有。斯特凡。"罗曼接着说,"我们再也无法理

---

① 古王国时期(约前 2686 年—前 2181 年),包括古埃及的第三王朝至第六王朝。这一时期也被称作"金字塔时期"。

解古埃及这个持续了几千年之久的历史静止期。从根本上说，时间是静止的，除了生和死，没有东西在移动。所以，也许古埃及人也认为他们的历史不是在进步，而是在永恒的静止中运动。"

"还有一点我们必须想到，"塞内克斯说，"早期文化中的人类只知道看得见的、活生生的世界，他们只看到自己的生命，认为死亡是生命的延续。他们的信仰就是这样产生的。"

"我指的是别的东西，"斯特凡说，他又回到了自己的思考中，"我们，我是说今天的人类，是第一代能够比之前的任何一代人都更早地回望过去、回望人类起源的人，但同时我们也是第一代不得不考虑人类终结的人。在我们之前，谁也没有想象过会有一个没有人类的地球，当然他们也没有理由去这样想。"

"我不像你那么悲观，"罗曼反驳说，"不过，我承认我们处在一个转折点上。在我们之前，人类可以不去考虑他们行动的后果。"

"我们也是最早把目光投向太空、探索宇宙起源的人。然而，我们无法解释其背后的'虚无'，我们无法想象它。在认识上，未来的科学家肯定比我们更有优势，但是他们也无法解开最终的谜团。"

"也许，"塞内克斯说，"也许我们今天应该到此为止了。我们都累了。接下来的几个晚上，我们还有机会继续研究这些线索。大家现在去睡觉吧。"

人文①文化的开始

塞内克斯停下来想了一下,然后又说:"明天清晨,太阳会把你们从睡梦中唤醒,你们会发现,那是人类历史上最明亮的太阳之一——古希腊的太阳。"

"我很期待!"

"的确值得期待,贝蕾妮克。"塞内克斯又热烈地谈开了,"古埃及——是的,古埃及使我感到振奋,但是古希腊却是人文文化真正的开始。古希腊人率先开启了自由、自信甚至大胆思考的大门。如果说在古希腊之前,人文的概念已经在人类的感情中萌芽,那么古希腊人则第一次清楚地把它表现出来了。此外,在古希腊才真正诞生了科学。古希腊人把知识和思考知识可能性的能力传给了我们。不仅如此,与古埃及人相比,古希腊人的神所创造的世界有着无与伦比的诗意和魅力。在人类历史上,是古希腊人第一次让他们的神具有了人的特点、弱点和爱的激情,他们用亲切、幽默甚至嘲讽的态度对待这些神明。奥林匹斯山诸神的故事至今仍为人们所传颂。男神会爱上一个凡间的女子,女神会也和男人一起并肩作战,这一切给历史、悲剧和喜剧提供了丰富的素材。我们无法想象古埃及人会把阿蒙-拉神表现成一个爱情的冒险者,而雅典人却是这样对待天神宙斯的。同样,我们也绝对无法想象古埃及诗人把像宙斯这

---

① 人文,指的是人文主义,是一种关注人、尊重人的文化。

样的天神臆造成与海中仙女勒达有私情的神。"

"这又是怎么回事呢？"贝蕾妮克笑着问，她的神态在罗曼和斯特凡眼里更有魅力了。

"是这样的，宙斯为了占有美丽的勒达，把自己变成了一只天鹅。后来勒达生了两只蛋，从其中一只蛋里钻出了美丽绝伦的海伦，就是这个海伦给古希腊带来了许多灾难，因为她引起了特洛伊战争。"

"这些都是美丽的传说。"

"我还想再指出一点，斯特凡，古希腊人的生活虽然并非完全不受魔术和巫术的影响，但是古希腊人的心目中却没有魔鬼撒旦。"

"撒旦是基督教创造出来的！"

"你错了，斯特凡，但是这点我们下次再谈。无论怎样，我们应该赞赏和佩服古希腊人，因为他们与魔鬼保持了距离。古希腊的神职人员从不用恶魔来吓唬人，事实上，他们从来没有明确区分过善与恶，而是把这个问题留给了国家和法律。古希腊人也始终认为，是人创造了神，他们从众神的身上看到了自己的影子。尽管在几百年的时间里，古希腊人不断扩大众神的天堂，但这个天堂始终是一个令人敬仰和畏惧的英雄部族。从形而上学的意义上讲，没有人是绝对的善，也没有人是绝对的恶。他们发明的神从来没有成为绝对的统治者，因为这对于古希腊人来说是无法忍受的。"

"多么有人情味！"斯特凡兴奋地说。

"尽管当时也有术士、魔术师和巫师，但古希腊的精神仍从迷信和对魔鬼的信仰（Deisidaimonia）中解放出来了。仅仅'Deisidaimonia'这个词就值得我们注意，因为它不但指对未知事物的盲目恐惧（这种恐惧是违背理性的），而且意味着对众神和恶魔的敬畏（这在古希腊人看来有些夸张了）。"

"可是为什么在古埃及文化之后偏偏出现的是古希腊文化呢？"

"我也不知道答案，罗曼，"塞内克斯回答说，"无论如何，文化也会迁徙，这是事实。从美索不达米亚到古埃及，在爱琴海地区转了半个圈，后来才传到欧洲大陆。希腊半岛地理位置独特，每个地方都值得看上一天：无论是克里特岛的米诺斯文化，或者是圣托里尼岛（据推测这里可能是以前的亚特兰蒂斯岛），还是保存了最古老钱币的埃伊纳岛。但是我还是想尽快着手讨论欧洲大陆文化。尽管我十分赞叹古埃及艺术，但是只有到了古希腊，人类的精神才超越了尘世间的生存，这是他们的伟大成就。在他们之前没有任何人能以同样的方式做到这点。你们回想一下，在古埃及，那些艺术家是怎样在与世隔绝的状态下工作，而雅典的艺术家又是怎样自由地进行自己的创造。古希腊人留给我们的是不以实际用途为目的的艺术作品，这些艺术不但美好、优雅、有趣、感人，而且还有消遣的作用。古希腊人向无目的的思想者——游戏意义上的人迈进了一步。"

对塞内克斯的这个结论，三个年轻人都予以默认。四个人站起身来，向自己的房间走去。他们很快进入了梦乡，好像这样快速入睡也是进化公园所提供的一项服务，也许是因为这个公园本身就具有梦幻的色彩。

第二天
航向爱琴海

古希腊

口头流传的荷马史诗

他们一行四人精神饱满地在餐厅会合。窗外的阳光透过巨大的玻璃窗照射进来,这种明亮温暖的阳光通常只在欧洲南部地区才有。

贝蕾妮克的脸上洋溢着天使般的神采,这在斯特凡和罗曼看来简直夺目撩人。

斯特凡虽然说话尖刻,但感觉确实比罗曼敏锐。他偶尔的嘲讽和挖苦都是因为过分敏感,而这种敏感与机敏的头脑又常常是不可分的——这样的结合总令斯特凡产生一种难以接受的混乱感。他专注地打量着贝蕾妮克,她那美丽的眼睛、漂亮的鼻子、线条柔和的嘴唇、松散地披在肩上的金发。与此同时,罗曼也热情地注视着贝蕾妮克,两个小伙子的目光碰撞到一起,很快便感到彼此轻微的敌意。贝蕾妮克意识到了这种紧张的气氛,但只是微笑不语。

塞内克斯开始做今天的安排:"你们可以把所有的东西都放在这里,因为按计划我们每晚都会回来。走之前请都带好野餐袋,这是今天新做的。"

"今天要去古希腊,真是太好啦!我早就盼着呢。天哪!我的脑子在学校时已装得不少:叙事诗人、抒情诗人、戏剧家、哲学家……但我想知道得更多点。"

"我先大致介绍一下。罗曼,你谈论的诗人是很好的开始。你们可能知道,最早、最伟大的诗人荷马是一个盲人。不过,也许《伊利亚特》和《奥德赛》不是一个人完成的,而是有两个作者。"

"怎么说?"

"因为它们之间的区别非常明显。《奥德赛》写的主要是小事,如饥肠辘辘的感觉和日常生活场景,以及猪倌、乞丐、狗;而在《伊利亚特》中,贵族、英雄、氏族首领、荣誉、赞美,还有反复出现的众神,扮演着突出的角色。因此,我们推测,《伊利亚特》是荷马根据当时口耳相传的诗歌整理出来的,而《奥德赛》也许是此后另一个很重要的诗人创作的,但是他可能出自荷马的学校,并深受荷马影响。两本书的许多角度和观点,尤其是主题,看起来非常相似,所以我们将它们统称为荷马史诗。不管怎样,荷马史诗中很大一部分出自荷马之手。荷马是第一个借助于刚刚发展起来的文字,给予迈锡尼时期① 口头流传的传说和神

---

① 古希腊青铜时代的最后阶段,约为公元前 1750 年到公元前 1050 年。

话一个固定形式的人。他把这些传说归纳到同一个主题之下。"

"借助于文字？据我所知，荷马不是个盲人吗？"

"他并不是生来就什么也看不见的，罗曼。荷马出生于公元前八世纪，出生地大约是希腊东部的士麦那。他过着漂泊不定的漫游生活，后来失明了，但得到了一笔财富，便创办了一所学校。他结过婚，有两个女儿。最后一段时间，他生活在希俄斯岛上，一直到去世。"

"但是如果他看不见，怎么写书呢？"

"他口述。我们知道，失明往往能使人具有超强的记忆力。对古希腊人来说，荷马始终是最高权威，荷马塑造了他们的世界观，并参与创造了众神。他是西方诗歌的鼻祖，这使他享有独一无二的地位。在荷马的创作中，人类第一次用宏伟的诗句描述自己的过去。一直到今天，《伊利亚特》和《奥德赛》都在古典语文学课程内。"

"我爱极了荷马史诗，"罗曼赞同地对塞内克斯说，"谁也无法像荷马那样完美地掌握六音步诗行：'请告诉我他的名字，缪斯，这个在摧毁了特洛亚之后，到处漂泊迷失方向的人。'"罗曼吟咏了一段诗歌，然后说，"到今天我们仍用'奥德赛'这个词来表达'迷失方向的漂泊'。"

"还有一点值得注意，"塞内克斯说，"荷马重新诠释了'罪恶'这个概念。他让英雄普里阿摩斯对美丽的海伦说：'在我看来，你是无罪的。——有罪的是神明！'"

"多么遗憾，后来的宗教没有继承这点，"斯特凡插嘴说道，

"否则它们就会自掘坟墓——因为宗教是靠信仰者永久的负罪感而存在的。没有负罪感就不会有忏悔,也不会有赦免!这样的话,后面两千年的历史就会完全是另外一种情形。然而,合理的推论是:全能的上帝既然必须是一切行动的终极原因,那当然也是罪恶的最终原因。"

"可荷马史诗为什么在希腊受到如此推崇呢?"

"你提出这个问题,真让我高兴,贝蕾妮克。一种文化在一千多年的历史中如此深受一个诗人的影响,而这个诗人写的又不是宗教著作——这的确不同凡响。但不仅如此。别忘了,荷马笔下众神的天堂,没有令人们产生过宗教所必需的那种狂热的盲目崇拜。"

"也正因如此,人们没把他归入宗教创始人行列!只有他这么一个例外,对于人类来说多么可悲!"斯特凡不无嘲讽地说。

"在某种程度上,荷马创造了古希腊的民族意识,却没有激起人们的好战本能。他讲述了英雄的美德,但是他笔下的英雄总是首先是人,这是他们令我们感到亲近的原因。"

最早的字母表里只有辅音

过了一会儿,塞内克斯继续说:"能够写下这些诗篇,并使它们流传到今日,有赖于文字的进一步发展——从楔形文字和象形文字发展到字母表。这具有决定意义的一步大约是在公元前

1000年迈出的。当然，这一进步不是一次完成的，而是经历了相当长的历史时期。可以肯定，当时有这种需要。腓尼基人在地中海沿岸、北非、西班牙南部、西西里、撒丁岛、塞浦路斯、希腊和意大利经商，他们需要用一种简单的方法来与客户进行书面交流，于是创造了只有辅音的字母表。使用腓尼基人的辅音字母表必须自己想办法加进元音，这对当时的希腊人来说很不方便。所以，古希腊人从古代西亚普遍采用的阿拉姆语字母表中选用了一些——A（Alpha）、E（Epsilon）、O（Omikron）和Y（Ypsilon），I（Iota）是古希腊人自己的发明。希腊字母表由二十四个字母组成，其中十七个辅音，七个元音。现在，有了这种希腊文字，作为人类最为丰富的文学之一的古希腊文学得以蓬勃发展。它几乎包含了所有的文学形式：诗歌、戏剧、演讲、历史和哲学。由于古希腊人也是伟大的航海家，他们的足迹遍及地中海沿岸，所以我们可以推断，他们也把自己的语言传给了伊特鲁里亚人（伊特鲁里亚人生活在今天的托斯卡纳，后被罗马人征服）。"

"当时的人们是在什么东西上写字的呢，还是像古埃及那样写在莎草纸上吗？"

"人们也用莎草纸，贝蕾妮克。一开始，人们在竹片或树皮上写字；碑文则刻写在石头、青铜和铅板上，用得最多的是陶质板片或涂了蜡的木质小黑板。如果想保存更长时间，人们就用从古埃及学来的那种莎草纸。在古罗马时代，人们还用山羊和绵羊的皮做成专门用来书写的羊皮纸。在涂了蜡的木质小黑板上用金属石笔写字，在羊皮纸和莎草纸上则用浸入墨水的芦苇管写。此外我们所用的'Bibel'(《圣经》)一词出自希腊文,希腊用'tà biblía'表示'书'的意思。从腓尼基城市比布罗斯的名称中又派生出'Bibliothek'(图书馆)这个词。比布罗斯位于贝鲁特以北约三十公里处,它是古埃及莎草纸的主要转运站。这种纸的历史可以追溯到公元前 3000 年,但直到公元二世纪才渐渐被羊皮纸取代。

"早在公元前五世纪,载有荷马史诗和古典悲剧的莎草纸卷就在古希腊人中间流传;公元前三世纪时,埃及亚历山大的希腊学者创建了第一个大型图书馆,收集的文献资料和文学作品超过七十万卷。在当时的亚历山大,国家承担了大多数学者的生活和研究费用。"

"但是图书馆后来被毁坏了。"

"是的,罗曼,在公元前 1 年。"

"我觉得,这几乎是某种征兆。"

"你指什么,斯特凡?"

"很简单。在那个时候,对已有知识的破坏就已经开始了(尽管是无意的),并在基督教中被有意识地继承下来。"

"但是你也不能忽视一个事实,斯特凡,许多古典文献在教堂的图书馆中幸存下来了,就像瑞士诗人康拉德·费迪南德·迈耶[①]在他的中篇小说《普劳图斯在女修院里》中所叙述的那样。"塞内克斯反驳道,"在古希腊时代,羊皮纸的大规模生产

---

① 康拉德·费迪南德·迈耶(Conrad Ferdinand Meyer,1825—1898),瑞士诗人、历史小说家,写实主义大师。

始于小亚细亚的帕伽蒙（Pergamon），那里有一个很重要的图书馆。羊皮纸（pergament）也由此得名。此外，我们还得感谢文字，有了它才有了书写的艺术，才有了最早的历史记录。事实上，书写历史是公元前五世纪古希腊最重要的成就之一。在谈论古埃及的时候，我已经提到过希罗多德的名字。他跟荷马一样，出生在小亚细亚半岛地区，位于地中海沿岸，今天的土耳其境内。希罗多德在地中海沿岸游历了至少十二年的时间。他留给我们的不仅有按编年顺序叙述的希腊发展史（这在当时是一种全新的记事方法），还有十分丰富的信息。这些信息并非完全无懈可击，但是仍然让我们惊叹不已（毕竟哪怕是今天的历史学家，在记录历史时也容易失去方向）。另一方面，作为作家，希罗多德也完全称得上是天才，因为他的记叙充满生命力，语言幽默、诙谐，形象鲜活，能够给人许多愉悦——这也许是因为文稿原本是为了诵读而创作的。希罗多德曾在雅典朗读自己的文稿，享有很高的声望。好吧，我想已经说得够多了。你们吃完早餐了吗？饱了没有？我们动身吧！"

硬币——大大小小的钱币

他们背上野餐袋，走出小旅舍。

贝蕾妮克深深地吸了一口气："天哪，太美了！"展现在他们面前的是一幅十分独特的景致。

"我觉得我们好像一直坐在一个大剧场里,面前是不断旋转的舞台,昨天夜里舞台上的布景又换了一套。"罗曼小声说。

"你说得一点儿也没错。"塞内克斯回答说。

大海在他们面前展现出清晨的绚丽,宝石蓝色的海水与绿松石般的天际融为一体。在下面的一个小海湾里,停泊着一艘松木做的船,棕色的风帆紧紧地绷在桅杆的横杆上。岸边蹲着一个男人,皮肤黝黑,身穿一件短袖束腰的袍子。他的头发剪得很短,略显灰白,看上去像戴了顶银色的头盔。

"他今天为我们驾船。我们将会三次乘坐这艘船。你们马上就会看到——古希腊人的确是一个航海的民族,地中海的海岸和爱琴海的岛屿都被他们占领了。我们上船吧!"

"但愿我别晕船!"

"不会的,罗曼,这海面十分平静,而且我们的行程比现实世界的要短许多。别忘了,我们是在一个人工建造的公园里。"

船夫将晒得黝黑的手伸过来,扶他们上船,然后,他松开缆绳,让船顺风驶去。速度立刻加快,身后的绿色海岸消失在云雾中。

塞内克斯走到船长身边,从他腰带上取下一个小皮袋子,然后回到坐在船尾的三个年轻人身边。贝蕾妮克的头发在海风中飘扬。她微闭着眼睛靠在船上,试图用一只手拢住自己的头发。

塞内克斯晃了晃手中的皮袋子,里面发出金属碰撞的声音:"硬币!"他大声说道,"这是最早的钱币。钱币最初可能出现在小亚细亚,古希腊人很快就享用了这个很实用的发明。每个独立的古希腊城邦,无论大小,都有自己的钱币。"

他从皮袋里掏出一把颜色各异、大小不同的钱币,灰色、银色、黑色、古铜色和金色……许多钱币上还有压印的图案,外形各不相同,有马、牛、摔跤的大力士、蜜蜂、桂冠、羚羊、猫头鹰和罐子等。

"他们怎么会想出这样一个天才的主意呢?"罗曼问,"我的意思是说,在此以前他们一直是以物换物。"

"他们采用钱币,是为了给不同商品一个清晰的价值。对于当时的人来说,第一批钱币太贵重了,所以他们并不用它来进行日常的物品交易,钱币主要用于大宗的支出,比如支付官员的酬劳等。后来制作成本比较低廉的青铜硬币出现了,钱币才用于日常的购物。当时,许多雅典人把钱币含在嘴里。"

"那他们可就腾不出嘴来讨价还价了。"贝蕾妮克笑着插嘴道。

"他们说话时当然会把钱币从嘴里吐出来啦。最早压印在钱币上的图案就是防伪标志,城邦的管理者用这一标志担保这些硬币里的贵金属含量,以防止金币和银币缺边少角。"

"就像现在纸币上的水印一样!"

"对,贝蕾妮克。如果硬币边缘的图案缺了一圈,人们就知道这个硬币的金或银的含量少了一部分。"

塞内克斯把硬币重新装进小皮袋子,交还给船夫。船在水面轻松地向前驶去。细碎的水声与轻柔的风声交织在一起,像催眠曲一样。在平静和谐的声音中,时空都消失了。

毕达哥拉斯——自然科学的奠基人

"我先带你们去克洛同，"塞内克斯说，"克洛同不在希腊本土的伯罗奔尼撒半岛，但当时也是希腊的一个城市。我们去意大利南部，就是今天的卡拉布里亚。克洛同这个地方现今还在，当然已经发生了巨大的变化，现在叫克罗托内，在塔兰托海湾的西南部、西西里的东北面，西西里当时也是希腊的殖民地。"

"我们去那里干什么？"

"去拜访毕达哥拉斯，罗曼。"

"A 的平方加 B 的平方等于 C 的平方。在一个直角三角形中，斜边 C 的平方等于其两个直角边 A 与 B 的平方之和。"斯特凡自言自语地背诵着。

"非常棒！"塞内克斯在一旁给他鼓掌。

"为什么偏偏去拜访毕达哥拉斯，而不是阿基米德、欧几里得，或者其他伟大的数学家？"

"的确，你提到的每一个人都值得我们去拜会，罗曼。特别是欧几里得，他的几何学是数学领域的重大成就，因为它用一种新的、符合逻辑的周密程序阐述了各种定理、命题和论证。但我选择毕达哥拉斯，因为他是给人印象最深的一个数学家。他不但是欧洲自然科学的奠基人，而且可以说是欧洲哲学的创始人。在古希腊哲学中，人类第一次提出了神话和传说无法回答的问题。人类学会了不把神话当作已经存在的真实去接受。他们开始产生怀疑，从此人类的思想从古老的禁锢中解放出来了；而一个对事物持怀疑态度的人，不会成为教条主义者和自以为是的人。"

"怀疑论者总是自由的！"斯特凡附和道。

"这些理由已经足够让我们特别关注毕达哥拉斯了。我们的介绍不得不有所选择，不然你们会特别辛苦。此外，毕达哥拉斯曾经接触过当时所有已知的、可以探访的文化。他是一个伟大的旅行家，到过阿拉伯、印度、法国南部和埃及。在埃及逗留期间，他曾向祭司学习过几何学和天文学。请别忘了，在那个时代，跨越如此遥远的距离去旅行本身就是一件了不起的事情，更何况他通常是徒步，极少骑马或乘车船。沿途没有旅舍，经常睡在露天，把地当床、天当被；耳边是陌生的语音，无法与别人交流，没有翻译，随时面临着数不清的危险——疾病、饥饿、干渴、手头拮据，有时甚至身无分文，只有一点可用来交换的物品。——毕达哥拉斯和他的同时代人所创造的成就是令人难以置信的，而在这些辉煌成就的后面又有着多么坚强的意志！"

"也许还有对冒险的渴望呢！"

"是的，斯特凡，但最重要的是，他们对于发现全新的事物、寻找更完整的世界图景有着强烈的兴趣。为了探索世界的奥秘，他们常年背井离乡，不知道自己是否还能返回故乡。也许当他们回来的时候，他们所熟知和热爱的人早已不在人世。毕达哥拉斯理应深受学生的敬仰，据说他在有生之年就被视为阿波罗（神话中的光明和艺术之神）的化身。——你们看！克洛同在地平线上出现了。"

远处出现了一条海岸线，它在云雾中时隐时现，上面的房子像串在丝带上的珍珠。

这里是一个天然港口,很小,但对外敞开着,克洛同的建立和繁荣多亏了它。在港口沿岸,一幢幢棕色的方块房子林林总总,有的小酒馆门前摆放着凳子,还有延伸很长的仓库。此外,建筑群旁边还矗立着一座白色的小神庙,阶梯一直伸向庙前的门廊,门廊由多根柱子装饰而成。两旁种了许多绿色的植物,有桉树、棕榈树和夹竹桃。渔船在港口进出穿梭,码头上到处都是忙碌的人——有的在堆放货包,有的在搬运酒罐,有的忙着往驴子身上捆放货袋,有的忙着赶山羊。造船人在岸边维修船只。

船夫功夫老到地将船靠了岸,又从船帮上推下一块木板搭在岸上。贝蕾妮克第一个踩着木板走下去,随后,塞内克斯和另外两个小伙子也跟着下了船。船夫用缆绳将船停泊好,也上了岸。他将在港口旁边的小酒馆里等他们。塞内克斯朝一条很宽的巷子走去,狗群在撒欢,猫也不少,此外还看见成群的山羊和绵羊。

屋子里不断传出公鸡的打鸣声和母鸡的咯咯声。他们来到一个小广场。广场两边被延伸得很长的楼群围起来。他们朝主楼走去。除了他们之外,还有许多年轻人也在走向入口——有小伙子,令人惊奇的是还有姑娘,门里也有不少人出来。这些年轻人娴静的举止和得体的做派十分引人注目,他们之间没有不友好的举动,互相微笑致意,似乎每个人很特别,又共同属于某个特殊群体。

小伙子大多穿着像衬衣一样的袍子,姑娘们穿着多褶的佩普络丝——一种系在腰部的淡蓝、黄色或棕色的裙子。

"红色，"塞内克斯说，"在这里，红色，特别是紫红色，是国王和部分神职人员专用的颜色。"

相信灵魂轮回

他们迈进走廊，发现里面光线很暗，塞内克斯指着两张薄薄的兽皮（羊皮纸）让他们看，只见上面写着几行字，是用那种装饰体的希腊字母写的，这种文字今天只有在中学古典学课本上才能看到。

"你们看到的是毕达哥拉斯学园的规章制度，"塞内克斯解释说，"当时的年轻人都以能加入这一学园而自豪。"他弯下腰去，小声念道，"所有学生要承诺对老师忠诚，承诺对彼此保持真诚。只要还属于毕达哥拉斯学园，就必须分享一切。不许吃肉、蛋和豆子。"

塞内克斯转身解释说："你们应该知道，这里之所以不许吃肉，是因为毕达哥拉斯在一次印度旅行后开始相信灵魂的轮回，毕竟人们不想在无意中吃掉某个祖先的灵魂。请特别注意他们戒食肉类的规定，因为这是我们第一次遇到素食者。"

"我懂了。让我们回想一下，原始时代的人类主要是靠狩猎为生，而现在……"

"我很赞成，斯特凡，这很有进步意义。"贝蕾妮克高声说。

"当然，"塞内克斯附和道，"在毕达哥拉斯生活的时代出现素食者，也证明了那时的人不再忍饥挨饿。从事艺术和哲学领域的工作，或者说所有精神创造的首要前提都是人们不必为自己的生计操心，无论是农民还是猎人。"

"用辛勤劳动换取自己的面包……"罗曼说，"文化从来都是奢侈品。"

"是的，但请注意一点，毕达哥拉斯学园还规定，不许杀害那些对人无害的动物，不能用动物作祭祀用品——这几乎是个前所未闻的要求，因为当时祭祀用品主要是动物。学园规定学生只能在没有沾过血迹的圣坛前祈祷。此外，他们还不得砍伐树木。"

"他们简直就是古希腊时代的绿色和平组织。那总得允许干点什么吧？"

"当然啦，罗曼，比如，他们虽然提倡喝水，但并不禁酒。我反倒认为，从卫生保健的角度，在希腊这样一个高温的国家，水里的细菌很多，提倡喝水反倒更危险。但当时的人们对细菌还一无所知。我们继续往前走吧。另外，这个学园的人必须衣着简朴、行为得体，他们不能纵情大笑……"

"这简直是中世纪的修士生活！我还以为在这里会遇到充满生活趣味的人呢！"

"你的确遇到了，贝蕾妮克，尽管毕达哥拉斯的规定十分严格——他规定学生必须远离邪恶，但同时也规定学生不应该在神灵面前发誓，因为每个人都应该不靠誓言、心悦诚服地相信神灵。每天晚上，每个学生必须向学园报告自己这一天的情况：他犯了什么过失、有哪项义务没有履行、做了什么好事。"塞内克斯说罢站起身来，摘下眼镜，并将它放回胸前的口袋里。

"毕达哥拉斯自己肯定过着花天酒地的生活，对于他来说，什么都可以有例外！"

"你错了！斯特凡。毕达哥拉斯可是严格按照这些规定生活的。学生们总是怀着崇敬的心去谈论他：他白天没有喝酒，吃的是面包和蜂蜜，饭后吃了些蔬菜。他的袍子总是洁白无瑕，他从不吃得太多，也不恋爱……"

"我觉得这很可惜，他缺失了一些人的天性。"

"是的，罗曼，毕达哥拉斯不是孩童。他不会高声大笑，也不会去说笑话、讲故事。但重要的是，他从不惩罚学生，也从未惩罚过奴隶！"

"这让我想起裴斯泰洛齐[①]，"罗曼插话道，"想起我们现在对老师的规定。"

"但进入毕达哥拉斯学园不像进入一般学校那么简单，它更像是某些精英寄宿学校。它要求学生通过节欲和自我控制净化自己的身体，通过学习科学知识净化自己的心灵。最重要的是，新生必须在入学后的前几年学会保持所谓毕达哥拉斯式的沉默。"

"这是什么意思？"贝蕾妮克问。

"它的意思是，在这段时间学生必须无条件地接受毕达哥拉斯的学说，不提问，不反驳，一直到成为学园的正式成员，才能'见到'毕达哥拉斯，直接跟他学习。在此之前，他只是个见习

[①] 约翰·海因里希·裴斯泰洛齐（Johann Heinrich Pestalozzi，1746—1827），瑞士教育家、教育改革家，被尊为欧洲"平民教育之父"。

学生，一个编外人。经过几年的学习和训练，他才会成为密传弟子，一个获准接触毕达哥拉斯核心学说的校内人。当然，这些学说在今天看来算不上什么秘密。学园教学计划由四门学科组成：数学或几何学、算术、天文学和音乐。数学是最重要的学科，它不是像在古埃及那样作为实用科学来研究，而是作为数量的理论来探讨，是一种理想的逻辑训练。这种训练能使思想通过合乎逻辑的思考和求证变得清晰有序。随着毕达哥拉斯的出现，几何学最终采用了公理、定理和论证的形式。我们还是进屋里待一会儿吧，听听大师本人的说法，这比任何解释都生动。"

用数字解释音乐

塞内克斯转身朝走廊的深处走去。他打开一道四边装饰着铜条的木门，里面是一个不大不小的厅，墙壁是白色的。夯实了的黏土地面上坐着二十个身穿浅色短袖束腰长袍的小伙子和姑娘。明亮的光线透过右侧墙上的三扇窗户照进厅里，窗户外面的庭院里悄无声息，绿树成荫。

大厅前端坐着一位身穿白色外衣的长者。他坐在一个木制的讲台上，厅里所有的人都能看见他。

在塞内克斯的指引下，贝蕾妮克、罗曼和斯特凡贴着墙往里走。

毕达哥拉斯正在讲课："你们要知道，一个数学定理按次序进行的每一步都会把你们推向一个新的高度，让你们能在更广阔的视野下观察这个世界的神秘结构。"

塞内克斯转身对三个随行的年轻人轻声说："毕达哥拉斯区分了奇数与偶数、合数和质数。"

毕达哥拉斯说："对于比例的研究，使我把音乐归结为数字，是的，用数字来解释音乐……"

"罗米，你听见了吗？"斯特凡小声说，"数字化理论的基础就是这样奠定的。"

"是的，也许我们可以说，没有毕达哥拉斯，就不可能有今天的电脑，也不会有CD。"罗曼说这话的同时，注意力仍集中在大师身上。

毕达哥拉斯说："我给你们讲一个小故事，这是几天前发生的事。当时我正路过我们的铁匠作坊，铁锤砸在铁砧上的声音中所蕴含的音程①引起了我的注意。我走进去一看，很快发现产生这种音程的原因是铁锤的重量不一。我马上赶回家，拿出两根同样粗细、绷得同样紧的弦线。我发现，拨动其中的一根弦线发出的声音比另一根低八度，因为……你们觉得是为什么？"

学生们都沉默不语，尔后终于有一个学生说道："也许，它比另一根长！"

"很好。正是这样。如果其中的一根弦线比另一根长一倍，那么它发出的声音就正好低八度；如果长一半，则低五度；长三

---

① 指两音间的音高关系。

分之一就低四度。这样人们就可以通过简单的数字关系，如三比四、二比三、一比二来表达音程四度、五度和八度。"

"所有的音程都可以用数字来计算吗？"坐在前面的一个女学生问。

"当然，"毕达哥拉斯点头道，"现在我们可以得出结论，一切事物，包括音乐与和声，都是数字。在太空中所有运动着的天体都会发出声音，声音的音高取决于天体的周长和运动的速度；因此每颗行星在围绕地球转动的过程中都会发出声音，其音高与绕行速度成正比，而行星的绕行速度又随着该行星与地球的距离增加而增加，所以离地球越远的行星，运动时产生的声音就越高。这些不同的声音组成一种和声，一种天籁，我们无法有意识地听到它，因为它是持续不断的，但它的确存在着。"

"可是这不对！"

"哎，斯特凡，像这种建立在诗意想象之上的小小错误，你就迁就一下吧。这位大师毕竟生活在两千年前呢，"罗曼小声说，"就连歌德的色彩学理论都有很多错误，可它照样影响了好几代画家。不过，毕达哥拉斯竟然已经谈到行星围绕地球运转的轨迹，我太震惊了！"

"另外一点也值得注意，"塞内克斯说，"现代科学在某种意义上证实了毕达哥拉斯的理论。根据这一理论，某些行星群的公转周期及数字比例与音乐所依据的声学比例几乎是一致的。啊，我只是想指出这点，这很难理解，而且我可能说得太远了。"

塞内克斯没有继续往下说，因为这时有一个学生请求道：

"请继续给我们说说宇宙,大师!"

毕达哥拉斯回答说:"宇宙是一个运动着的球体,我们的地球在它的中心。地球也是一个球体,它像别的行星一样由西往东运转。我把它和宇宙都分为五个区域:北极地区、南极地区、冬季地区、夏季地区和赤道地区。月食的出现是由于地球或者另外一个天体移到了月球和太阳之间。"

塞内克斯小声说:"毕达哥拉斯是最早把天体结构称为宇宙的人之一,也是最早提出地球是球体这一观点的人之一。"

"可这一认识后来被压制了几百年。"斯特凡嘟囔了一句。

"啊,斯特凡,你千万别忘了,我们现在可是在古希腊!"

"你说得对,妮克,我之所以吹毛求疵,也许是因为这一时期在我看来太清晰、太明亮了。"

"可以肯定的是,欧洲科学,尤其是数学和天文学的出现与发展,主要归功于毕达哥拉斯超越前人的贡献。"塞内克斯说。

这些幸福的人总是优哉游哉的

毕达哥拉斯起身拂平自己的长袍,走到几个正朝他走来的年轻人面前,其他学生也都纷纷站起身来。

塞内克斯示意三个年轻人赶紧离开。"与他们相比,我们的时间太少啦,"他悄声说,"这些幸福的人总是优哉游哉的!"

他们又回到了明亮的广场。"我们应该再读一次毕达哥拉斯学园的规章制度。我真的深受触动。"斯特凡转身对塞内克斯说,"在离开克洛同之前,请您再给我们讲讲毕达哥拉斯和他的学园吧。"

"好吧,斯特凡。我们可以把毕达哥拉斯学园称为共产主义式的贵族团体。在这个学园里,男女老少分享一切。他们接受相同的教育,通过数学、音乐和哲学的训练,建立高尚的道德和思想。他们受训的目的是成为造福于社会的统治者和管理者,从而更好地服务于国家。"

"学园里真是男女学生都有?"

"是的,贝蕾妮克,对于毕达哥拉斯来说,男性和女性享有同样的权利——这是理所当然的。不但在理论上是这样,在实践中也是如此,只是在教育方面稍有区别。除了上述使命外,女学生还必须为将来成为母亲和家庭主妇做好准备。在古希腊的很长一段时间里,从毕达哥拉斯学园出来的女性都被看作最出色的典范。尽管我们不得不有所保留地说,毕达哥拉斯学园中的女性在古希腊并不具代表性,这点我们后面还会看到。——我们现在还是去港口吧!"

他们走进通向海边的小巷。影子短多了,因为这时太阳已经升得很高。

"毕达哥拉斯和他的学园后来怎么样呢,塞内克斯?您能看见未来,当然,他们的未来现在看来已经是过去了。"

"他们的未来并不美好,甚至很可悲,贝蕾妮克。毕达哥拉斯想要在现实世界中实现他的思想,让他的追随者统治整个克洛同，这种想法成了所有人的灾难。他们直接干预政治，并坚定地站在贵族一边，后来克洛同的民主派激愤地烧毁了毕达哥拉斯学派成员的聚集地，致使他们或者被杀，或者被驱赶。"

"那毕达哥拉斯本人怎么样了？"

"不太清楚。有人说他在逃亡时被抓到，被打死了；还有人说他逃到梅塔蓬，然后四十天没进食，把自己饿死了——或许是因为他觉得活到八十岁就已经足够了。"

说着说着，他们已经来到了港口。船夫看见他们后，马上摇摇晃晃地跑过来，高高兴兴地搀扶他们四人上船。他是不是有点喝多了？塞内克斯责备说："阿歇隆，这可是工作时间……"

船夫露着牙齿嘿嘿笑了笑，并高高举起一只手臂，然后又放下——表示他继续驾船没有问题。他解开缆绳，让小船驶入风中。很快，他们穿过了一条狭窄的水道，这条水道通向大海，也是航船在风浪来临时的港湾。

"你们别担心，"塞内克斯安慰他们说，"天气很好，航行对于我们来说只是个游戏，我们的船夫经验很丰富，即使酩酊大醉，他照样能把我们渡过去。"

"但愿如此，"斯特凡嘟囔了一句，"我们现在去哪儿，该拜会哪一位了？"

"去莱斯沃斯岛拜会诗人萨福，"塞内克斯回答说，"拜访了毕达哥拉斯，我希望你们能够认识到，我们的文化是建立在古希腊自然哲学家的科学假设基础上的，是他们最早推断出自然规律的存在，指出这些规律可以被人类掌握。"

塞内克斯坐到船边，靠在桅杆上，想好好休息一下。他闭上双眼，迎着太阳，贝蕾妮克、罗曼和斯特凡也是如此，每个人都陷入了沉思。

女孩们像在花园里一样得到照料和呵护

风推着船快速前进。船夫不时地哼着歌。昨天上午经历的一切仿佛已经非常遥远了。

就这样，他们来到了莱斯沃斯岛上的米蒂利尼。船驶入港道，周围的房屋像一只巨大的马掌环绕着港口。景色看上去和克洛同有点相似，但是他们能感受到米蒂利尼是在一个岛上，迎面刮来的风更怡人，空气更清新，天空也更明亮。

米蒂利尼很富饶，但他们一时很难判断到底是什么让他们产生这样的印象。不过，不用塞内克斯解释，他们很快就领悟到了。他们兴高采烈地上了岸。

"我们不能在这里停留，要立即登上城市后面的那座小山。在那里，我们将进入另一个世界——萨福的学堂。"

贝蕾妮克问："又去看一所学校？古希腊到处都是学校吗？"

"当然不是。尽管古希腊人十分热衷于年轻人的教育，但我们接连参观毕达哥拉斯学园和萨福的学堂，纯粹是出于偶然。不过，萨福的学堂在各个方面都与毕达哥拉斯学园不同。你们也许知道，萨福生活的年代比毕达哥拉斯早了几十年，但是考虑到地理上的方便，我们先去了克洛同。请原谅我这样安排。三十年的时间对于我们穿越的如此巨大的时空又算得了什么！"

"那萨福的学堂有什么特别之处吗？"

"很特别，罗米，萨福的学堂只收女学生——她爱她们。"斯特凡大声嚷道。

"你只说对了一部分，而且说得太简单了。比起我们现代这些粗人，古希腊文化人的感觉要敏锐细腻得多。萨福聚集一大群女子在自己身边，她们有的是从很远的地方来投奔她的，甚至不惜漂洋过海，其中大部分来自小亚细亚。女孩们生活在她身边，接受艺术、言行和家务方面的训练，到了该嫁人的时候就回到自己的家乡。这种女子学堂不是一般的学校，我们很难准确地命名它，也许可以称为某种女子团体。女孩们来到萨福身边，听诗歌、学唱歌、练习婚礼上的唱诗。一切都是仪式化的。她们祈求神灵的护佑，特别是女神的护佑，如美丽的阿佛洛狄忒、天后赫拉、缪斯和美惠三女神。"

"多美啊！"

"是的，罗米，你这样想象一下你的爱人吧：不但会吟诗，而且举止优雅，简直是高级尤物，一个完美的恋人。"贝蕾妮克不无讽刺地说。

罗曼嘿嘿笑了。

塞内克斯继续说："也许我们可以说，萨福的周围是一个进行女性教育和人格训练的封闭圈子，这种教育和训练以艺术为基础，结合宗教活动而进行。每位女子在这里停留的时间是有限制的。她们像在一座花园里那样，受到细心的照料和呵护。萨福对自己的弟子不称学生，而叫'海蒂拉'（hetairai）……"

"'艺伎'（Hetäre）的概念就是从'海蒂拉'来的吗？"斯特凡问，"现在我知道了。"

"最好称作'伙伴'。"塞内克斯反驳道，可斯特凡没有听出塞内克斯语气里流露出来的责备，"'海蒂拉'这个词在当时没有一点附加意思，更没有贬低的意思。我们还是走吧。路还长着哩，我都有点担心今天的参观计划完不成了。"

没想到人类有过如此美好的往事

他们从码头拐进一条细窄的小巷，爬上一个缓坡。海龟在石板路上缓缓爬行，蜥蜴钻出墙缝晒着太阳。密匝匝的房屋后是种满橄榄树的田地。罗曼和斯特凡采摘了几枚伸到篱笆外的无花果，果肉又甜又饱满，篱笆后是一座独立的农庄。贝蕾妮克折了一根开着花的夹竹桃枝，她喜欢夹竹桃和月桂，喜欢这些红色和白色的花朵中散发的迷人芬芳。

随后，他们穿过南面茂密的小树林，来到神庙的所在地，看到了雪白的围墙、祭坛、通向神庙的阶梯、石柱、墙壁上部的雕饰花纹和塑像。小树林的背后，一些低矮的房屋分散坐落在火山土上，四周是野生的橄榄树。

他们停下了脚步，转过身来，眺望环绕着岬角的城镇与港口的大海。海风吹拂，波纹如织，光影摇曳，成群结队的海鸥鸣叫着在天空飞来飞去。岸边的松树散发出芳香，粗壮的松树根、刺柏灌木、鼠尾草和百里香盘根错节，连成一片。高高的葡萄藤上长着茂密的叶子，熟透了的葡萄挂满了藤蔓。在遥远的东边能隐隐约约看见小亚细亚黑色的海岸线。

塞内克斯顺着他们的目光指点道："那里是弗里吉亚，是今天的土耳其海岸，后面曾是帕伽蒙，这个城市的祭坛今天仍陈列在柏林一个专门的博物馆里。"

"没想到人类有过如此美好的往事，"斯特凡小声说，"当然我以前也知道，即使在遥远的过去，阳光也同样明媚。我知道，前人一样会看到头顶碧蓝的天空，一样会沐浴在阳光下，一样会感受到雨水和寒冷。但是我仅仅是理性上知道而已，从来没有这样真切地体会到，这是完全不同的。"

"你的意思是，只有你有这种体验吗？"贝蕾妮克微笑地讽刺他。

"是的，妮克，"他继续说，"我现在不但看到了，还真真切切地感受到了。理解和用所有的感官去感受，的确是两回事。只有这样，过去的一切才会从发霉的书本中升华出来，变得鲜活生动。通过这种途径，我才感觉到，以前的人像我们一样真正生活过，我能体验到他们的生活，他们对于我来说不再遥远，而是非常贴近，我差不多能与他们为伍了。"

贝蕾妮克深有同感。她凝神注视着周围的景色和熠熠发光的海面。"很高兴我们能到这里来，"她兴奋地大声喊道，"谢谢您，塞内克斯，是您让我有机会体验这一切！"

"在这里你们会明白，这片风光、这座岛屿是世界文学中最早的爱情诗篇的诞生地。当然，从此刻算起，还要再经历八百年才会出现这些诗歌，可是在漫长的时间长河里，这八百年又算什么呢。那时世界并没有发生太大的变化，这些地方也几乎没有什么改变。萨福生活在公元前600年前后，八百年后是诗人朗戈斯，这些已经……"

"您刚才说的朗戈斯，是那位写《达夫尼斯和赫洛亚》的诗人吗？"罗曼问。

"我也正想起这个故事。这里是达夫尼斯和赫洛亚的爱情诞生的地方，有着无穷的魅力。"

阿佛洛狄忒——最适合萨福的女神

塞内克斯沉默了一会儿，然后说："沿着这条小路往左边去，走下一个小坡，就到萨福的房子了。那是城里地势最高的地方，萨福的房子就在一座美丽的花园里。萨福的丈夫去世后，她获得了一大笔遗产，成了非常富有的女人。"

小路穿过一片低矮的灌木丛，蜜蜂嗡嗡直叫。拐一个小弯，他们便看见前面山坡上的一所大房子，它看上去像一个耸出的小山包。房子前面有一个装饰精美的大平台，房屋被高大的栗子树遮盖着。稍微再往下走一点，只见苍郁的柏树间耸立着一座很精致的神庙，祭祀厅里有两排细窄的阶梯通往神坛，四根立柱支撑着雕满花纹的屋顶。

"这座庙是用来敬奉阿佛洛狄忒女神的，"塞内克斯解释说，"你们肯定知道她。"

"她可是掌管美和爱情的女神。"

"对的，罗曼。她是欣欣向荣的生命之神。古希腊人热爱并崇拜她，而她也是最适合萨福的女神。看——这便是萨福本人！"

他们之前怎么没有注意到这个美丽的女人呢？这里非常热闹，女孩们头戴鲜花，赤足在草地上载歌载舞，到处是欢声笑语。她们的衣裙皱褶散开着，像风中的海浪在飘舞。十几个年轻女孩手拉手围成一圈，另外三个女孩在演奏乐曲。乐器的传声器是用玳瑁壳做的。她们用琴拨和琴槌快速弹拨着七根羊肠线，琴声悦耳。

在她们中间的石头上，坐着一个女人，她身披一件宽大的藏红色长袍，袍裙上镶有紫红色的缎带。很难猜测她的年龄，也许刚刚二十五六岁。她腰围纤细，头上戴着一顶花冠，黝黑的皮肤衬得前额更加光润，棕色的眼睛十分明亮，满脸露出温柔的微笑。

萨福双手绕膝，用像唱歌一样甜美的声音温和地说："把里拉琴放到一边，阿娜克托里娅，我来自米利都的美人。姑娘们，请别跳舞啦，还有你，欧奈卡。坐到我身边来，伙伴们。"

女孩们走到萨福身旁，在草坪上围成半圆坐下。

"昨天夜里，"诗人说道，"我久久没有入睡，一直凝望着月亮，当时我想到了死亡，不禁悲从中来，于是起床写了一首诗。如果你们想听，我现在就唱一遍！"

"想听，亲爱的，唱给我们听吧。"女孩们请求说。

"把里拉琴递给我，伊拉娜，这种玳瑁做的琴音色很亮。"萨福演奏了几个音符，随后唱道：

你去了，一切烟消云散。
不再有回忆，不再有怀念。
因为你从未拥有，
缪斯花园里，那美丽的玫瑰。
你无声无息地，走进冥府，走进黑暗；
像影子般，无声地飘去，化作云烟逸散。

她唱完后，姑娘们沉默不语，过了一会儿，其中一人说道："这诗很美，但是太悲伤了，我亲爱的朋友！"

萨福倾身吻了一下女弟子的面颊，然后说："的确很伤感，因为死亡是很痛苦的事情，神灵们就是这样安排的。假如死亡很美好，他们自己就想死了，但是他们更愿意自己永生。唉，我现在也慢慢感到老之将至。过来，亲爱的格里娜，拿起七弦琴！当我满头银发的时候，就不再会有轻盈的身段，也就无法再和你们一起翩翩起舞了。但我又能怎样呢？我无法拥有永恒的青春！"

"可是你还很年轻呀，看起来几乎和我们一样。你还是歌唱爱情吧！"另一个女孩请求道。"那就再把里拉琴给我吧。"萨福回答说。她转身直接走到一个女孩面前，一边歌吟，一边充满深情地看着她：

厄洛斯①撩动了我的心，
像风暴扑向，
山顶的橡树。

然后，萨福又转身向另一个人唱道：

多少岁月匆匆流过，
阿缇斯，自从初次相遇，
面对孩童般的你，
我无法献出甜蜜的爱情。

随后，她又转向第三个女孩：

勒斯比娅，我亲爱的，
你迷人的微笑，
夺去了我的理智，
像火焰灼伤了我的唇舌，
使它沉重而迟钝。
我头晕耳鸣。
眼前像夜一般漆黑。

---
① 希腊神话中的爱神。

萨福唱完时，女孩们轻轻地齐声鼓掌。后来，其中一人大声说："这些诗歌都很美，而且充满热情，但是我认为你最好的诗句是：

月亮和七颗星星，
消失了。
午夜，时光静静流淌，
可我，却孤独地躺着。

在这几行诗中，你用很少的语言把一切都表达出来了：夜晚、思念、等待的痛苦，还有当生命和爱情无情地消失在黑暗中时所产生的无望。"

"你说得太美了，欧奈卡，你对我的诗理解得很好，当你回到萨拉米斯的时候，再唱我的诗吧。你很快就要走了，但请永远记住，美好的事物是天神照耀的余晖，我们应该用感官的愉悦去享受它们，我要用我的诗来表达它们。"

姑娘们意识到即将到来的离别，都围到萨福旁边。

"这情景多像古希腊雕塑家的作品。"塞内克斯轻声赞叹道，"我们也该走啦。今天的安排还多着呢。中午我们去参观一些令人兴奋的地方，下午我们要了解一下古希腊的民主，以及他们的戏剧。晚餐时继续交谈，再把晚上的时间留给哲学家。"

一部伟大著作的可怜残骸

他们不无遗憾地告别了萨福的庭院。沿着一条在松树林中蜿蜒伸展的小路,很快回到城市,赶到港口。天空中布满柔和的红色霞光。

船夫正和一群孩子玩闹,塞内克斯朝他挥了挥手,他马上跑过来。很快,他们又开始在海上航行。他们坐在船尾两块支起的木板上。"我们刚刚见过萨福和她的'伙伴们',"贝蕾妮克开口道,"她是个女人——所以我对她特别感兴趣。在那样的时代,竟有一位如此自由的女人,她有意识地发展自己的个性,并达到了很高的精神境界。"

"生活在萨福以后六百年的希腊历史学家斯特拉波曾经说过:'萨福是一个奇妙的现象。因为我所知道的历史上没有一个女人在诗歌艺术方面的才能堪与萨福相比,甚至可以说是望尘莫及。'如同古希腊时提到'诗人',人们就只想到荷马那样,说起'女诗人',整个希腊化时代①的人都会想到萨福。

"她出生在公元前612年的莱斯沃斯岛,十九岁时就成了著名的政治家和诗人。她坚定地和贵族一起反对当时的专制统治,并因此遭到驱逐,后迁居西西里岛。在那里,她嫁给了一位富有的男子,但不久就失去了丈夫。流放五年之后,已经成为寡妇的她回到了莱斯沃斯,在那里的社交圈和知识界建立起很高的声

---

① 希腊化时代,指古希腊文明主宰地中海东部沿岸地区的时代,时间上大致从公元前334年持续到公元前30年。

望。人们是这样谈论她的：'她喜欢奢华和轻松愉快的生活。'由于喜欢充满活力的生活方式，她创建了一所女子学堂，向年轻女子教授诗歌、音乐和舞蹈，这是历史上的第一所女子学堂。它对年轻女子的行为举止进行最后的'加工'。'伙伴们'在祭神的仪式上唱歌、跳舞，萨福为她们写诗和颂歌，萨福深爱这些女孩。"

"听起来可真有人情味，"贝蕾妮克若有所思地说，"我猜想，如果萨福偏爱其中的某一个，那么，她们之间肯定会产生忌妒的，甚至可能会争得面红耳赤。"

塞内克斯笑了："这方面倒没有流传下来什么说法，不过也可以想象，甚至是很有可能的。对萨福和女孩们的关系、她们之间的'交往'，人们常常有许多非议。无论什么时代，偏见都是不可避免的。只要回想一下我们的父亲和祖父的想象力是多么贫乏就可以知道了。"

"母亲和祖母也一样啊！"

"的确，斯特凡，他们的拘谨和古板在今天看来很可笑，这很可悲。——不过我们仍然要感谢历史的偶然让萨福的作品流传至今，因为在 1073 年，萨福的所有诗歌都被教会公开烧毁了。"

"我一点都不觉得奇怪！"斯特凡小声说。

"幸运的是，1879 年，埃及法尤姆绿洲出土的几具用纸莎草秆制作的棺材内壁上糊了一些旧书页，上面记载着萨福的诗，那是一部伟大著作的可怜残骸。这部著作曾让古希腊充满诗意。人们常常忘了，萨福不仅吟颂了爱情，而且还使用了五十多种不同的格律。"

"她所有的诗都配成歌了吗?"

"这些诗歌都被吟唱过,贝蕾妮克,她亲自为自己的诗谱写竖琴乐曲。"

同性恋爱是当时教育的一部分

"但是,为什么只把萨福看成是女同性恋者①?同性恋爱在古希腊社会不是相当普遍吗?"

"的确是这样,至少对男孩的爱在当时很普遍。现在的同性恋一般是指只对同性感兴趣而排斥异性。但是古希腊不是这样,同性恋爱者在喜爱男孩的同时,也不会放过追逐女人的机会。每个人都有可能经历同性恋爱阶段,因为年轻人需要通过与一个或多个同性伙伴建立某种认同关系而找到自我。大部分同性之间的友情都带有恋爱的色彩。认同关系中也包括情欲的张力,这种张力可能导致同性恋爱——当然也不一定都是如此。"

"我也相信这点,"斯特凡插话道,"某种程度上的同性恋倾向是正常的。我想起了伦纳德·伯恩斯坦②在谈到自己的一次恋爱经历时说的话:'为什么这样的奇妙关系要被一种不正常的,甚至是病态的议论玷污呢?'这句话传达了一切!"

---

① 原文为 lesbisch,意为莱斯沃斯岛的,也指女同性恋。
② 伦纳德·伯恩斯坦(Leonard Bernstein,1918—1990),美国作曲家、指挥家、作家、音乐教育家、钢琴家。

"古希腊时代的同性恋者特指那些已经经历了青春期的成年男性，"塞内克斯说，"由此，著名作家普鲁塔克把古希腊人的同性恋称为'教育意义上的男童恋'。从根本上来说，在古希腊时代，成年男子和男孩之间的关系最主要的并非性行为——这种性关系也许仅仅限于温和地表达自己的要求，以及与男孩的性接触；更重要的是精神和心灵上的结合。在成年男子看来，对一个男孩的爱意味着倾注终生的友情。古希腊的同性恋通常只涉及一个成熟男人和一个未成年男孩的关系，年龄上的差异是这种恋爱的根本前提。在男孩长大成人后，他们之间如果仍保持同性恋关系，就被认为有伤风化。这个长大的男孩通常也只会对自己曾经的恋爱对象怀有友谊、尊敬或景仰。流传下来的图画和文字告诉我们，当时的男孩并不注重性，资料中经常提到不情愿的男孩对这种关系的抗拒和逃避。年长的男子必须在性格上占有优势，并具有人格和精神魅力。成年男子与男孩恋爱的主要目的在于满足自己教育他人的欲望。性关系，说得糙点儿，只是小意思。男孩从成年男子那里学到优雅的行为举止，以及对未来生活的价值标准。古希腊人非常重视体育（这点我们在奥林匹亚将会看到），雅典的每个市民，都尽可能地把自己的儿子送去上体育课，以便得到老师的指导和训练。这当然也助长了同性恋的风气，男孩在训练的时候都是赤身露体，无疑会激起一些情感反应。"

"但是这一切真的像您描述的那样美好吗？"

"当然也会出现娈童卖淫之类的问题，罗曼。这些男孩多数是为了钱、礼物和别的好处。此外，与男孩恋爱也只是自由和富裕阶层市民的特权。他们不相信奴隶和漂泊到此的外乡人具有足够的道德水准，而这种道德水准是他们所标榜的理想男童恋的一部分。——我们说得太多了。我本来只是想反驳一些偏见的。还是回头谈谈萨福吧。"

世界文学史上第一个女诗人

"我相信萨福具备道德上的成熟和教育上的情感追求！"贝蕾妮克说。

"我也这么看，"塞内克斯回答说，"萨福是诗人，也是教育家。她把对教育的追求化作了一种有形的力量，她具有热情的天性。哲学家普鲁塔克曾经说过，她的语言像'燃烧的火焰'。她的感情生活是她极度丰富的心灵在身体上的体现。她身上没有任何虚伪和掩饰，而是一种由于看到身体的美而激发的最纯粹的情欲，这种情欲最后升华成了更高的精神。"

"您为什么要做那么多的解释呢。对于我们来说，她是一位伟大的诗人，她的诗歌是那么热情、生动，有着充满活力的语言和形式，这还不够吗？难道这些描述还可以用在其他人身上吗？"罗曼若有所思地说。

"也许因为她是世界文学史上第一个伟大的女诗人？"

"无论怎样，在渲染气氛和情调方面，很多年以后才有人能达到她的境界，贝蕾妮克。"

"能够这样表达自己的感受,真幸运。"罗曼带着少许忌妒的口气说,因为他想起了自己在抒情诗方面所做的尝试。

"也许很早就失去了丈夫对萨福反倒是一种幸运,"塞内克斯重又回到了原来的话题,"因为这不但使她变得富有,而且给了她不同寻常的自由。与古埃及不同,古希腊的妇女处于附属地位,过着不自由的生活,富有的希腊男人甚至会要求自己的妻子与世隔绝,不能与男客接触。她们的闺房大多在楼上,尽可能远离通向街道的家门。"

"这让我有些反感古希腊时代了!"

"但是,妮克,古希腊时代的妇女肯定比现在某些国家的妇女享有更多的自由。"

"可能是这样,斯特凡。"塞内克斯回答说,"不管我们能不能理解,她们受到限制当然还有一个原因:男人们要确保自己是孩子的父亲。别忘了,在当时,只有自由的雅典人所生的孩子才能享有一切权利。"

贝蕾妮克问塞内克斯:"萨福是什么时候、在哪里去世的?"

"我们不知道,对此有许多种说法。但是我们应该满足了,因为她给我们留下了优美而充满激情的诗篇,远远超出了她的时代。哲学家柏拉图曾这样称颂萨福:'有人说,有九位文艺女神。多么愚蠢!难道莱斯沃斯没有给我们送来萨福这第十位女神吗?'"

伟大的体育盛会

到奥林匹亚去

他们在船上休息了一小会儿,享受温暖的阳光和拂面的海风。没隔多久,塞内克斯大声喊道:"我们到了!"话音刚落,他们乘坐的船猛地停在了岸旁。

"我们现在在基帕里夏海湾。快下船吧,我们已经迟到了。别东张西望!这里可看的东西的确不少,但我们还得赶路呢。快上这辆两匹棕色马拉的车,它会用最快的速度把我们送到奥林匹亚去!"

"是去看奥林匹克运动会吗?"贝蕾妮克满怀期待地问。

"应该说是去看奥林匹克竞技比赛。'奥林匹克运动会'这个词仅仅指四年一次的体育比赛,就像'旬'这个字是表示每十天一组一样。"

马车只有两个轮子,形状有点像古希腊花瓶上或历史影片中的古战车。在这种轮子毫无弹性的交通工具里,他们只在车的两侧找到了两块木板。刚刚坐下,马就开始往前奔跑了,速度比他们想象的快得多。车子沿着一条颠簸不平的山路向上驶去。

一路上,白色的金合欢树与一排排的梧桐树、桉树交替出现,然后是大片无花果树浓密的树荫,以及高高的芦荟茎叶。

不一会儿,他们就听见远处传来海潮一般的声浪,而且声音越来越大。雷鸣般的掌声、欢呼声、鼓劲的吆喝声、叫喊声、歌声、音乐声汇合在一起,形成了混杂而错落的大合唱。

"我们到了!"塞内克斯大声说,"奥林匹亚在一个长满梧桐和野橄榄树的肥沃山谷里,传说中的阿尔菲奥斯河就从这里流过。在温暖的夏夜,夜莺的鸣唱与相爱的人们(教育者和男学生、年轻的男子和年长的男性伴侣、竞技选手和他们的教练)呼应着。竞技选手在圣树林盟誓,将自己的命运和祭祀物品一并交给天神宙斯。这里平时很安静,只有举行竞技大赛的几周才完全喧嚷起来。附近的区域会变成一个巨大的宿营地。大部分前来参观的人都自带帐篷和食物,因为这个小村庄无法安置滚滚人流。货摊和商亭像从地下冒出来似的,到处都是。出售纪念品的小贩和来往穿梭的商人都希望奥林匹亚竞技会给他们带来红火的生意。知名人士、哲学家、诗人、作家,以及所有想获得成功的政治家都纷纷来到这里……好吧,你们很快就会经历和感受到这些。"

在夏季月圆的时候

他们在一片松树林旁停下,这里树荫浓密,十分舒服。一下车他们就置身于人海中。

"你们会发现这里只有男人,"塞内克斯解释说,"关于这一点,历史学家有不同的看法。有人说,妇女一般不能进奥林匹亚圣地观看竞技大会,但也有人认为,只是已婚妇女不能观看,而未婚的年轻女子则可以在看台上就座。当然,已婚妇女本来就不能看赤身露体的男人,这与古希腊妇女的附属地位以及对子嗣血脉的要求有关。只有在神坛敬奉得墨忒耳女神(谷物女神)的女祭司例外,她可以从大理石砌的神坛上观看比赛。这一职位很受追捧,每次奥林匹亚竞技大赛都会对之进行新一轮的遴选。其他观看比赛的女子将会受到严惩——被从陡峭的悬崖上推下山去。据说,从前只出现过一个这样的女子。"

"难道没有女选手吗?"

"当然没有,罗曼,男人不愿和女人比赛。只有斯巴达的女性才有可能受到体育方面的训练,因为人们希望她们婚后承担繁重的体力劳动,生育健康强壮的孩子。对于古希腊人来说,年轻女子或已婚妇女参加奥林匹亚竞技大赛是不可想象的事情。一般性的介绍先讲到这里。你们想再听一段简短的解释吗?"

他们三人都点了点头。

"当时,奥林匹亚每四年举行一次宗教、体育和文学的大盛会,盛会在夏季月圆的时候举办,持续七天,由祭司们主持,他们号召所有参加竞赛的选手为奥林匹亚精神而奋斗。选手和参观者来自希腊各地，音乐会和诗朗诵穿插在各项比赛中。大会的第四天，整个盛会达到狂热的高潮，那时还会血流成河——在恢宏的宗教仪式中，人们会将上百头牛赶到宙斯神殿前，献祭给神祇。"

"那时的体育项目有什么？"

"摔跤、拳击、跑步、铁饼、标枪和马车比赛，贝蕾妮克。盛会的最后一天举行颁奖仪式，场面非常热闹。主持人在宣布获胜者的名字时，还会报出选手父亲和家乡的名字。对于选手来说，这是一个伟大的时刻，他们在观众中间、在所有达官显贵面前接受属于自己的崇高荣誉，戴上神圣的橄榄树枝编成的花环。为了这一辉煌的时刻，选手们曾刻苦训练，付出了超常的代价，现在他的名字载入了'永恒'的胜利者名册了。人们高唱赞美诗，为此庆祝、狂欢，宴会丰盛无比。庆典往往会持续到深夜。在明亮的月光下，圣树林中响彻嘹亮的颂歌。随后几天，聚集在宿营之城的人们会陆续离去。渐渐地，这里又恢复了往日的宁静。获胜者回到自己的家乡后，会受到热烈而隆重的欢迎。"

"和现在一样！"

"按规定，在比赛期间，全希腊所有战事都应该停止。但是在竞技大赛举行的近两千年历史中，只有个别时候做到了这点。人们虽然发誓保持兄弟般的友情（这是德尔斐神庙阿波罗神谕的要求），但他们并不总是遵守自己的誓言。然而，不管怎样，这是人类历史上贯彻和平协议的一次独特尝试。此外，我们也不能忽略这一盛会的阴暗面。希腊贵族渴望荣誉，如果自己的城邦有选手获胜，会大大增加他们的声威。当然，奥林匹亚的花环不能取代强有力的军队，但是它可以与武力联合在一起，为统治者提供巨大的帮助。体育和政治之间的紧密关系使得希腊各城邦都极其渴望在竞技比赛中获得胜利，为了这个荣誉，他们不惜付出大笔金钱！尤其是在希腊本土——因为在颁奖仪式上会公布选手来自哪个城邦。这些金钱花在资助运动和提供各种具体的奖励上，包括载入'永恒'的胜利者名单、塑雕像、建胜利柱、举行盛大的欢迎仪式、授予名誉市民称号、免除兵役，以及终身享用免费的食宿和剧院的包厢。"

"天哪，"斯特凡小声说，"这听起来真像在现代社会。"

"还有比这更出格的，有些城邦甚至掠人之美——他们重金收买其他城邦的获胜者，让他们成为自己的臣民。"

"现在我对古希腊理想的景仰之情荡然无存了！"

"还是从人性的角度看待这点吧，罗曼。人类就是这样。回想一下，运动员（athlet）这个词是从'athlon'引申来的，本义就是'奖金''酬劳'。运动员也想向全世界证明自己的伟大，为此他们不畏艰难，敢冒一切风险。"

"从中我们也能发现一种近乎病态的虚荣心——一种想表现自己的强烈欲望！"

"说得好，斯特凡，这样我们就又回到了人性的问题上了。"塞内克斯回答说，"为了满足自己的表现欲，运动员当然需要观众。没有掌声，没有成为最强大者的感受，就没有竞赛。这种阴暗面在当时就引起了人们的注意，那时的抒情诗人品达曾预言，一旦体育和金钱联系在一起，希腊就会失去它的荣耀。奥林匹亚竞赛并不像他们所描述的那样充满理想色彩。那时就有收买和投机，有出于政治目的的肮脏交易。每个城邦都拼命想获得奥林匹亚的光辉，当然也会出现不幸乃至死亡。奥林匹亚竞赛从一开始就带有政治目的。关于它的阴暗面已经讲得够多了，我们现在去宙斯神殿吧。"

到处都是售货摊和算命的人，小贩在高声叫卖糖果，艺人在玩杂耍，准备献祭的牲畜的叫声、卖酒的和卖水果的吆喝声响成一片。他们费劲地穿过拥挤的人群，为了不被挤散，有时不得不手牵着手往前走。最后，他们终于穿过圣树林，来到了宙斯神殿前。迎面耸立着巨大的宙斯塑像，奥林匹亚的竞技大赛就是献给他的。他双手各执一道闪电[①]，塑像用黑色木材雕刻而成，已经很旧了，但是仍能看出他脸上露出的神秘微笑。

塞内克斯讲解道："今天早晨有一头野兽被焚烧献祭了，你们现在还可以看到许多灰烬。"

神像的一旁站着一排运动员，都是发育很好的年轻选手。有几个人围着遮羞布，其他人则完全赤身露体。他们健美的身材、肌肉发达的双腿、训练有素的手臂和胸部会令每位雕塑家激动不已。

神坛旁边稍低一些的地方燃着火堆，守护神坛的人把橄榄树枝放进火里。他们在火上焚烧香脂和蜂蜜糕之类的祭品，然后将祭神的酒洒在神坛前的地上。

不久之后，祭司从阶梯走向大祭坛。这是一位庄重威严的长

[①] 宙斯是希腊神话中的主神，是诸神和人类的主宰，掌管雷电云雨。

者，身披精致的白色长袍，手执永恒之火照亮的火炬。他在最高处点燃了堆积在神坛上的木柴。

我发誓，我是生而自由的希腊人

空气中弥漫着燃烧的木柴味和神坛的香火味。不一会儿，奥林匹亚的圣火被点燃了，欢呼声响彻四周，像呼啸的风声在树林中回荡着。神坛的守护人又献上新的祭品。

"篮子里装满了牛肉，这些牛被牵走宰杀的时候，双角会贴金，脖子上还围着花环。"塞内克斯解释说。祭司转身对着众人大声喊道："如果你们当中有谁犯过血腥的罪行，有谁亵渎过神明，就赶快离开这里！如果你们中有女人，也赶快走开！"

下面响起一阵压低嗓音的议论声。

祭司又大声宣布道："现在我宣读第一条誓言，请所有选手跟我重复一遍。"大家都注视着站在右边的年轻运动员。他们稍微往一起靠了靠，然后全部向前大跨一步。祭司转向他们，朗朗说道："我发誓，决不违反奥林匹亚竞技大赛的规定。我发誓，我从事体育训练不是为了创新纪录或谋生，而是为了追求完美的身体和自由人的福祉。"

誓言响彻云霄："我发誓，我是生而自由的希腊人，我的父亲和我的兄弟都是自由人，我的祖先也是自由的希腊人……"

"我们该走啦，"塞内克斯说，"火堆快烧完的时候，人们会用阿尔菲奥斯河的水浇灭它。灰烬冷却以后会变得坚硬而光滑，宙斯神坛由此越来越高。就这样，土地、空气、水和火融合在一起，赞美主宰一切的天神。——走吧！我们现在去看看体育场。"

来自全希腊的竞技选手

体育场在圣树林后面，它有两百米长、两百米宽，可以容纳二十位选手同时赛跑。场地两边是绿色的斜坡，上面站满了观众。他们一边看着运动员，一边放下自己的赌注。

"观众不能戴帽子，以免影响别人的视线。"塞内克斯解释说。

"这里大约有多少观众？"

"肯定超过一万，也许会有两万，罗曼。讽刺诗人琉善甚至认为有四万人。所有的人都想看赛跑，我们最好到出口附近，坐到边上去吧。"

贝蕾妮克、罗曼和斯特凡找到了一小块空地，那里可以看清赛场的状况。几个运动员正在祈祷，希望神灵护佑自己赢得比赛，还有几个在喝水，另几个坐在草地上按摩肌肉。

主持比赛的人宣布参赛者姓名，鼓励运动员要尽全力获得最好的成绩，为城市的荣耀、父亲的欢欣和自己的名誉而努力。

很快，信号声响了，观众们兴奋起来。不过比赛延误了两次，因为有些参赛者没有按规定起跑，监管者用叉状的长木棍击打他们以示惩罚。观众激动地咆哮着。

信号声再次响起，选手们箭一般向前冲去，跑步距离不长。一位皮肤黝黑的卷发小伙子跑在最前面，第一个到达终点。全场沸腾了。终点附近的观众跑上前去围住获胜者。鲜花和橄榄枝像雨一般撒到他的肩上。有些人替他擦脸上的汗水，另一些人将他高高举起，和他来自同一城市的人把花环戴在他头上，又在他的手臂和大腿上系上绶带。就这样，人们将他抬到坐在石座上的评判员面前，取得象征胜利的棕榈枝。直到盛会的最后一夜，他才能得到橄榄树枝编成的花环。

塞内克斯建议三位年轻人从野餐袋里取出些食物吃。在他们吃东西的时候，塞内克斯叙述道："许多城市都派代表团来参加比赛，他们跋山涉水，穿过整个希腊赶到这里，还有号手和旗手相随。他们一路上都受到了热烈的欢迎，那阵势很像盛夏收获之后的狂欢节。人们给他们提供水、水果和小麦，为他们戴上花环；夜晚，人们还会给他们搭帐篷，或者让他们睡在五针松树林里，头上就是月亮和星星。"

"真遗憾，"斯特凡说，"我们今天的奥运会像是巨型表演，已经失去了奥林匹克竞技比赛原来的魅力。"

"即便如此，我也觉得奥林匹亚竞技比赛的复兴是很不错的主意。"贝蕾妮克反驳道。

"我们还从古希腊人那里继承了许多别的东西，"塞内克斯补充说，"你们会看到的。"

"是的，不过这些还远远不够！人类应该让自己的精神自由翱翔！"只有一个人会说这种话——斯特凡。

民主的诞生

武器库、海关大楼、兑换所、商品交易所

他们继续向前走去。马车在山谷的入口处等着,很快便将他们送到基帕里夏海湾。他们又一次登上那艘船。船飞一般地驶向北部的伯罗奔尼撒半岛。在航行过程中,他们一直能看见海岸线,直到他们到达岬角上的比雷埃夫斯港口。碧空如洗,万里无云,他们很快就置身于熙熙攘攘的人群中。港口是城市的贸易中心,也是当地最大的收入来源。这里耸立着上百栋房屋,有造船场、仓库、武器库、海关大楼和兑换所。

"纺织品、粮食、木材、油、葡萄酒,以及阿提卡[①]的其他手工制品和农产品都在商品交易所里进行交易,"塞内克斯解释说,"陈列室主要摆放免税商品。贸易活动涉及的地域很广,不

---

① 雅典所在的地区,古希腊文化中心。

但包括整个希腊,还延伸到了西西里岛、意大利海岸、黑海、斯基提亚、亚速海、南俄罗斯,以及尼罗河入海口和昔兰尼加地区。"

大型造船场能容纳四百艘船,它的顶篷像盒子一样,许多船只都停在跳板间等待维修。有桅杆上系着彩色方形风帆的慢速圆形货船,还有速度较快的长条形船、渔船和大型战船。用桨划行的大型战船最引人注目,超过一百七十名水手坐在三排木板上,按照哨声的节拍拼命向前划动。战船的船头装有包铜的大撞角,可以冲撞甚至顶翻敌方的船只。

海水涌起的波浪拍打着船身,小船微微荡起,发出沉闷的声音。空中布满了海鸥的鸣叫声,海燕优雅地盘旋飞舞。海面上还漂浮着水果核、果壳、小木块、鱼骨头,甚至还有装货用过的罐子。

贝蕾妮克喜欢商贩的叫卖声和人群。她兴奋地呼吸着烤兔肉、烤鸡、热腾腾的豆粥等各种食物飘来的香气。

比雷埃夫斯住着不同国家和地区的移民,包容着各种宗教信仰,也因此有许多不同的神庙,这很值得注意。有了这些神庙,人们就可以在神坛前向自己信奉的神明祈求护佑。

"现在我们得告别这位友好的船夫了,他家就在比雷埃夫斯,他要回去看望妻子和孩子。他是移民的后裔,在这里被称为外邦人。——你们听!有音乐和歌声,一列队伍正经过港口,他们要去阿克罗波利斯山①。人们会带上各种祭品，其中包括一件给雅典娜女神绣的长袍。"熙熙攘攘的人群很快让出一条通道。年轻女子手捧装满水果的筐子、高脚酒杯、罐子和敬神用的香筒从他们面前走过，后面跟着公牛、公羊和小牛犊。

"这些动物都会在神坛前献祭给神明。"塞内克斯解释说，"在前一天夜里，几乎整个雅典的人都不睡觉。这是一个古老的习俗，源于从海上来的酒神狄俄尼索斯的传说。"

"它现在仍然存在，"斯特凡说，"这种宗教仪式与南欧一些国家的宗教节日有什么区别呢？他们同样有丰盛的祭祀品、节日彩旗、地毯、专门的服装和祭司，雅典娜这件漂亮的长袍完全可以用于'圣母'的形象。"

"基督教的许多习俗都源于异教传统，这不是什么秘密。"罗曼说，"但这也不会减少它们本身的价值。"

"队伍已接近尾声了，"塞内克斯解释说，"他们还会穿过阿哥拉，阿哥拉是每个古希腊城市都有的大市场的名字。不过我说的是雅典最著名的市场，它是希腊生活和雅典民主的中心。"

一个巨大的广场

高大的仓库鳞次栉比地排列在一条条狭窄而又弯曲的街道

---

① "阿克罗波利斯"是希腊语的"卫城"，山上的建筑称作雅典卫城。

旁,与克洛同和米蒂利尼的街道相比,这里的光线更加阴暗,人声也更嘈杂。

塞内克斯指着一幢圆形建筑说:"这是个公共澡堂。我把它指给你们看,是因为我们之后还要在古罗马参观一个公共温泉浴场,古罗马人从古希腊引进了许多东西,也包括这种设施。刚开始时,这些设施很简陋,进去洗澡要交费,里面还有专门的'浴室男童'给洗澡的人浇凉水和热水。后来就舒适多了,有些人甚至可以洗上淋浴。在奥林匹亚还有带地下取暖设备的浴室。荷马史诗中就描述过洗澡的情景——女神喀耳刻给疲惫不堪的奥德赛用加了药草的水浇洗身子,奥德赛的儿子忒勒马科斯也曾由一位王侯的小女儿服侍着洗过澡。"

"真让人羡慕。"罗曼嘟囔了一句。

"舒适的生活和享受给人们带来无比的快乐。"塞内克斯继续说,"化妆品出现了,人们热衷于参加社交活动,这的确风流快活,但罪恶同样存在。据哲学家亚里士多德说,当时在澡堂行窃的人会被判处死刑!"

他们快速向前走着,不久便看到了一个巨大的广场。塞内克斯特意带他们从西北边进入,这样更能感受到这个长方形广场的开阔。广场上有很多人,有的拥进神庙,有的在柱廊间徘徊,有的去了城市管理部门和民众法庭。立式塑像周围也聚集了一些人,还有人在井边打水。

"阿哥拉是雅典的心脏,"塞内克斯说,他们一行四人全都停下了脚步,"它的荣光一直保留到现代。雅典的阿哥拉可能不是历史上第一个广场,但肯定是最重要的广场,它对人类历史的发展产生了极其深远的影响。可以说,民主、哲学、戏剧和其他许许多多事物都诞生在这里。如果'生气勃勃'一词可以使用,那么它最适合描述当时的阿哥拉。国家制度、政治和文化得到了同样的发展。阿哥拉接纳着每一个人,不管是贫穷还是富有,不论是忙忙碌碌还是游手好闲。雅典人在这里度过自己的白天,如你们所见,他们从来不会感到无聊,因为这里总有可说的、可琢磨的和值得争辩的事情。在这里,人们谈论刚刚上演的戏剧、花边新闻、家庭琐事,或者讨论某些对付波斯人或斯巴达人的战斗策略和防卫措施。阿哥拉曾经是雅典的市场,后来大部分商人都撤到旁边的街道和空地上去了,不过他们还是更愿意在广场旁边的树荫底下做生意。"

广场周围虽然有几幢私人的房子,但主要还是公共建筑,以及雕塑家、手工艺者、金属铸造匠、木匠或鞋匠的制作工场。

"雅典人是怎么生活的呢,雅典的女性怎么样?"贝蕾妮克问。

地位低下的妇女

塞内克斯回答说:"普通的雅典男人每天清晨起床,然后立刻赶往市场,因为购物是男人的事情。妇女在各个方面都是没有权利的,甚至可以说是受压迫的。所以去购物的雅典男人一路上见到的也几乎只有清一色的自由男性或干重活的奴隶。妇女只有在打水的时候才会走出家门，因为只有极少的房子里有水源。如果你在黑暗的夜里行走，必须特别小心，以防踩到市民倒在街上的垃圾和脏水，因为当时雅典没有下水道。而且，正如你们看到的，他们都赤脚走路，很少有人穿鞋。如果一个雅典男人有幸看到了年轻的小姐或女士，只可能是因为这位出身富裕家庭的女性正在从家里的窗户往外看；而一旦发现有人注意到自己，她就会马上躲回房间里——这是她必须具备的矜持。

"此外，夜里在街上行走本身也很危险，有盗贼专门在夜间打劫。所以有些人走夜路时会举着火把，用来照明和防身。在聚会上喝得醉醺醺的年轻男人在街上闲逛，还会嘭嘭地敲击着别人的家门，里面可能有女人。尽管如此，雅典仍以自由著称，其言论的自由更是闻名于世。贫穷的男人（甚至奴隶）也可以到阿哥拉争取自己的利益。人们不无嘲讽地说，在雅典，连马和驴子都有着过分的自信。许多哲学家轻视普通的雅典人，其中包括我们称之为'空想政治家'的那些人，但也包括像修昔底德、克里底亚和柏拉图这样的著名思想家，他们反对民主给所有人带来的诸多权利。同其他地区一样，富裕而有文化的雅典人把普通百姓看成愚民，认为只有自己才能担当管理好城市的重任。穷人为此感到愤愤不平，并且反对这些民主的首要敌人。"

"民主，"斯特凡插话道，"这个词现在也常常被人挂在嘴边。请给我们讲讲雅典的民主吧！"

"公元前五世纪时，伟大的政治家伯里克利认为民主是一种国家形式，这在当时是很具革命性的思想。民主意味着人民的统治，不是由少数人（通常是贵族或富人）来统治，而是由国民的大多数来决定。虽然从法律上讲，在有争议的事情中，人人享有平等的权利；但实际上那些有身份的人往往更占优势，因为他们属于一个有特权的阶层，并且更有影响力。穷人和无名者往往不可能有机会为城邦做什么大的贡献。不过，现在让我们到普尼克斯去吧，它是真正的集会场所，人们在阿哥拉大小不足时扩建了它，这样也能让阿哥拉保留市场的功能……我们到了！"

公民统治国家

普尼克斯位于阿克罗波利斯山西南部，是一个建造在岩石上的广场，广场上摆放着一排排的长条木凳。他们坐到一张凳子上，塞内克斯继续说："我们更具体地聊聊阿提卡的民主吧。阿提卡公民统治国家的尝试是有史以来第一次，也是最成功的一次。当然它也有局限性。首先，当时只有少数人识字；其次，其他偏远城镇的人很难到雅典来；再次，选举权只限于年满二十一岁的自由雅典人，只有这些人和他们的家庭能够享受公民权利。民主制度在伯里克利执政时期达到顶峰，当时的公民与非公民有着非常严格的界限划分，只有界限之内的公民才在法律和公民大会中享有人人平等的权利。"

这时，一个男人走了过来，身边的可能是他的朋友或邻居，他们坐到旁边的凳子上。来人看上去很气愤，大声对他的同伴说：

"打我懂事起,我的眼睛就从来没有像今早开公民大会时那样被灰尘弄疼过。人们都聚集在阿哥拉,黑压压的一片,看不到头。现在这广场空荡荡的,可你知道吗,如果来得晚了,大家又会拼命去挤好位子,互相推搡碰撞,说不定还会摔倒!"

说话间,周围的人越聚越多,他们的确在争位子。塞内克斯转身对三个年轻人说:"我想再说几句关于民主的话。民主是在经过许多动乱和纷争后才出现的,在此之前是君主专制的时期。现在雅典富裕起来了,人民想拥有更多的权利。在民主逐渐形成的过程中,最重要和最具革命意义的因素是公民大会。原来雅典的居民经常到市场上集会,后来,在阿克罗波利斯旁边的普尼克斯岩石山上形成了一个大的集会点,能聚集六千个男人,而女人是无权参加的。"

"那是当然!这点不是一直延续到了二十世纪吗?瑞士的阿彭策尔直到不久前才为妇女争取到选举权。"

"是这样的,贝蕾妮克,可是除了妇女以外,奴隶和外邦人也不能参加公民大会。在自由公民眼里,所有从外地来的人都是外邦人,哪怕他们在雅典生活和工作。事实上,拥有'公民'身份的总共只有三万人,占雅典总人口的百分之十。农民从一开始就被忽视了,因为他们都住在城外,到市中心参加集会要走很远的路,必须很早起床甚至连夜赶路。"

大多数人沉默不语

"每个人都可以发言，"塞内克斯继续说，"但对于不同的问题或事情，每个人只能发言一次，且发表的言论绝不能冒犯他人。在获得主持人的许可之后，发言者就可以走上讲台——你们看，那边……"塞内克斯指着高处的一块石台说，"发言者戴了一个香桃木花冠，让自己看上去更醒目，这些当然还不够，如果他说话声音很小，或结结巴巴地不善言辞，就会被人笑话，所以发言的经常是一些受过良好教育的贵族，大多数人沉默不语……"

"这种现象很普遍。"

"是的，斯特凡，这也很危险。口若悬河的演说者站在最前面，但他们并不总是代表正确的观点，那时的讲稿和演讲甚至都可以付费购买。所以，'政治家'这个词很快就不再代表普通公民，而仅仅指公共演讲者。我们还是回到雅典民主的本义上来吧：参加大会的公民将对所有演讲者发表的言论进行表决。"

"怎么进行呢？"

"举手表决，贝蕾妮克，像现在一样，少数服从多数。书记员记录下表决结果，并在一块白色木牌上公布，随后录入档案，表决结果往往以'公民商议决定'开头。对于雅典人来说，公民不仅是选民，而且是在社团或民众法庭担任公职的人。为此他必须有自由、有准备、有能力为国家尽职。那些匍匐在别人脚下或靠劳动谋生的人，不可能有这种时间和能力。这使大部分人都被排除在选举权之外。选民不结党派，只是松散地聚集在一起，聚集的形式主要取决于他们对扩大选举权、公民大会的政治地位，以及富人用钱买来穷人的支持等问题持何种态度。小团体聚集的形式有许多种：宗教的、家庭的……"

"氏族的。"罗曼插话道。

"也可以这么说。此外还有军队、工人、演员和政治的团体，他们都是吃吃喝喝地随意聚在一起的。"

"这种现象今天仍然有！"

"和今天一样，人们把它叫作'自由的权利'，罗曼。"

"最牢固的团体是寡头政治家，成员密谋在政治和法律方面互相支持，他们是靠对下层人民的仇恨联合在一起的。他们的对立面是由小商人、靠劳动报酬生活的市民以及制造商船和战船的工人组成的相对民主的团体。这些民主团体反对富人的奢侈和特权，允许制革匠、羊贩子、制绳匠、琴工和灯具匠领导国家。伯里克利执政时曾以一种聪明的方式将民主制度和贵族统治结合在一起，但是他死后国家的统治权落到了寡头政治家手里，他们充分利用了由此产生的个人特权。从民主在沙龙中出现，到古罗马人占领雅典，寡头政治家与民主主义者通过辩论、表决、陶片放逐法[①]、谋杀和内战等方式进行了残酷的斗争。——我们现在得挪位置了，让这些公民履行自己的使命，他们都在往里面挤呢。"

一位主持人对众人喊道："走快点，公民们！到广场上！我们要开始了！"

[①] 由每个公民将他认为对国家有危害的人的名字记在陶片或贝壳上进行投票，得票逾半数者则被放逐到国外。

"我们该走了,"塞内克斯说,"让雅典人处理他们的政事吧。今晚我们还会看到另一种特殊的民主形式。现在我们去一个有意思的地方——剧场。当然,我们只能看半小时,但会让你们对戏剧文化的开端获得足够的认识。狄俄尼索斯酒神剧场就在阿克罗波利斯山下,我们没有参观阿克罗波利斯山,因为之前在古埃及我们已经看到了足够多的神庙,古希腊的神庙是在古埃及人的影响下建立的,而剧场却是地地道道的新鲜事物,它诞生于人的本能需求:表现自身,表现自己的命运、悲剧和喜剧,我们只有在雅典才能了解这一点——只有在戏剧诗人和观众面前,我们才能够了解戏剧的完整形式。应该注意的是,当时的戏剧表演中只有男演员,女性角色也是由男演员扮演的。然而,经过这么多世纪的发展,谁会怀疑戏剧对欧洲文化所产生的伟大作用呢?"

剧场里坐满了观众

塞内克斯把他们的注意力引到下一个目标:"我们从阿克罗波利斯山下走过去。你们看,那些大理石建筑和柱廊高耸入云。雅典的城堡和神庙是建筑史上的杰作,并且装饰着伟大的雕塑作品。"他们看见了不远处的帕特农神庙——阿克罗波利斯山上最主要的神庙。"它的颜色多么生动夺目!蓝色……红色……金色的饰带交织在一起,衣服的花纹五彩缤纷……也许我现在还应该讲一讲古希腊的雕塑艺术。这里的雕塑有裸体的男性,他们是神或者理想化的青年男子；还有穿着衣服的女性……大部分是女神。这些作品出自杰出的雕塑家菲狄亚斯等人之手。菲狄亚斯是人类历史上最伟大的艺术家之一，而且是第一位生平为我们所知的雕塑家。人们曾把他与米开朗琪罗相比。他在伯里克利执政期间参与了雅典许多重大工程的工作。他既是规划者、建筑顾问、工程组织者，又是参与建设和创作的艺术家。许多世纪以来，他的作品一直装饰着神殿，这些神殿也是受过教育的人为了解古典文化而游历的目标。古罗马人曾经用大理石仿制过成百上千座古希腊雕塑，这些作品遍布整个罗马帝国。幸运的是，这些仿制品至少有一部分被保留下来了，而那些用青铜、金子或象牙制成的原作早就荡然无存。公元前48年，菲狄亚斯在帕特农神庙为雅典娜女神制作了一座纯象牙的大型塑像。他大概是在神殿门楣的三角形山墙上完成这座塑像的。把这个重任交给他的不是贵族和富人，而是全体公民，也就是说，是雅典的民主。菲狄亚斯还在奥林匹亚用金子和象牙为宙斯建造了一座巨型雕塑，它属于世界七大奇迹[①]之一。在这里，我是把菲狄亚斯作为许多艺术家中的代表提出来的，因为只有一部分艺术家的名字流传下来了。曾经大概有七八十位来自四面八方的雕塑家为帕特农神庙工作过。"

　　神庙的景象消失了，周围的一切重新浮现出来。常春树和染料树鲜花盛开，还有一片片的鼠尾草和含羞草。古铜色的蜥蜴在

[①] 世界七大奇迹通常指的是流传于古希腊旅行手册中的建筑和雕塑奇迹名单，包括埃及的胡夫金字塔、巴比伦空中花园、以弗所的阿尔忒弥斯神庙、奥林匹亚的宙斯雕像、哈利卡纳苏斯的摩索拉斯陵墓、罗得岛的太阳神巨像和法洛斯岛的亚历山大灯塔。

石头上爬来爬去，紫荆树上紫红色的花球显得光彩夺目。

他们在怡人的柏树林荫道上缓步而行，来到一座由一人多高的细柱子支撑的小神庙前。塞内克斯说："这就是狄俄尼索斯剧场的入口。"

他们走进剧场。观众一个挨一个坐在呈斜坡状的剧场看台上，看台呈马蹄形围着舞台。

"我们现在看的是阿里斯托芬的《吕西斯特拉特》。"塞内克斯解释说，"当然不是全剧，我们在这里停留大约半小时。尽管如此，你们也会感到高兴的，因为阿里斯托芬的喜剧是闹剧、滑稽剧，也是讽刺剧，充满幽默色彩。它们虽然令人深思、具有告诫作用，但同时又不无粗鲁和天真的成分。歌德称阿里斯托芬为'希腊神话中赐人欢乐和美丽的三女神顽皮的宠儿'。《吕西斯特拉特》的主角名字本意为'解散军队的人'。该剧在公元前411年就上演了，当时阿里斯托芬三十四岁。他是雅典人，出生在波斯战争结束以后的和平时期。当时，这个城市正经历着最辉煌的时代，伯里克利建造了帕特农神庙。"

他们打量着这个有三个出入口的舞台，它的下半部分是用灰色岩石砌成的，台上是阿克罗波利斯山的巨幅背景画。它的上方是一道柱廊，里面排列着神龛和比人高的雕像，鸽子在雕像的头上和肩上咕咕叫着，燕子和麻雀则穿梭着飞来飞去。奇怪的是总能听见猫头鹰的叫声，在剧目演出的过程中也一直未断。

"怪不得有一句歇后语叫'把猫头鹰带到雅典去——多此一举'，"罗曼说，"雅典的猫头鹰可真多。"

剧场旁边是长满月桂树的平原，苍绿色的灌木丛像波浪一样伸向海边，海水看上去像亮色带子，在远方隐约可见。

"观众席有七十八排座位，能容纳上千名观众。"塞内克斯说。

人们在闲聊。他们从自带的筐子里拿出山羊奶酪、水果和点心，把酒从罐子里倒进杯子，或直接举起酒罐豪饮。塞内克斯继续说："有这么多观众来看戏，你们别感到吃惊。因为演出很受欢迎，实际上，每位来看戏的雅典人都会得到一种'补偿'——观剧津贴，还有免费的入场券。庆祝酒神节的日子是所谓的戏剧旺季，整个雅典的人都会放下手中的工作，所有法庭上的纷争也会暂停，人们还享有统一的债务延期偿付权，监狱里的囚犯甚至也会被放出来。所以人们毫无顾忌地狂饮，节制被看成对狄俄尼索斯这位年轻的、无拘无束的酒神的不恭敬。在这些日子里，街上不光有饮酒的人，还有无数热热闹闹的游行队伍。"

"我想象的异教徒生活就是这样的。狄俄尼索斯也因为过于放纵而闻名。"罗曼说。

"一开始，观众是坐在地上看戏的。只有身居高位的人才会有木头做的座位。后来，剧场建了用石灰石砌的一排排凳子。有圆靠背的大理石座椅是专为德高望重者设置的，这些座椅更加舒适，上面还有遮阳篷。"

身着盛装的乐队开始演奏，笛声悠扬，鼓点密集，铙钹响亮。演出开始了，但是观众席里的声音却没有低下来，只是内容变了，好像期待本身也有了某种声音。

两位演员走上舞台，他们男扮女装，戴着木头和皮革做的面具，面具正面绷着一块透光的织物，上面涂上了色彩，只能看见嘴和眼睛。

"前面提到过，女性是不能参与这种活动的，也没有女演员……"

"这是歧视女性的又一例证。"贝蕾妮克说。

这个石头砌成的舞台是世界戏剧发展的基石

塞内克斯继续说道："演出从清晨开始，众多戏剧作品竞相上演，力求赢得观众的喜爱。演员都经过全面的训练，他们很受尊重，且收入颇丰。就这样，欧洲的戏剧诞生了。在这里（雅典的狄俄尼索斯酒神剧场）欧洲的悲剧、喜剧和讽刺剧登上了舞台。这是文化群星闪烁的历史性时刻。你们眼前这个用石头砌成的舞台是世界戏剧发展的基石，莎士比亚、席勒、莫里哀、莱辛都可在这里找到自己的根。就连音乐剧也发源于此，所以这条根系也关联着意大利文艺复兴时期的克劳迪奥·蒙特威尔地、维也纳洛可可艺术中的莫扎特、十九世纪米兰的朱塞佩·威尔第和巴伐利亚州拜罗伊特的理查德·瓦格纳。拜罗伊特节日剧院还借鉴了这里的舞台布局，这并不奇怪，因为没有比狄俄尼索斯酒神剧场更好的形式了。你们肯定知道，许多诗人和作曲家的创作都可以追溯到在这里首演的古典剧目，他们改编了这些剧目，各种尝试一直到今天仍在继续……"

"理查德·施特劳斯和奥斯卡·王尔德！"

"是的，罗米，这只是许多名字中的两个！"

这时传来一阵猫头鹰的叫声，仿佛是在回应塞内克斯的话。三个年轻人一边悄声交谈，一边打量着四周，贝蕾妮克坐在斯特凡和罗曼之间，分成三部分的舞台引起了他们极大的兴趣。

"舞台旁边的平台是合唱队站着的地方，"塞内克斯讲解道，"舞台本身是石头砌的，上面能搭建许多布景。悲剧通常在宫殿和神庙前上演，一般有一个大门就够了。喜剧情节的发展往往需要几栋相邻且门户独立的房子作为背景。不过，我们今天看的戏是个例外，虽然这是出喜剧，而且是一出比较吵闹的喜剧，但是它的演出背景却是雅典的城堡。"

走出家门对于我们女人来说并不容易

在舞台布景中，阿克罗波利斯山被描绘成一幅有神庙和柱廊的立体图画。

"舞台布景在演出的过程中可以更换，主要根据剧情的需要变化，看故事是发生在田野、海滨，还是像这出戏一样发生在阿克罗波利斯山脚下。"

帷幕开启，扮演吕西斯特拉特的演员用舞台腔的高音抱怨其他女伴拖拖拉拉，她希望她们早点来，好给她们一个重要的建议。女邻居卡罗妮克安慰她说：

她们肯定会来的,亲爱的!
走出家门对于我们女人来说并不容易:
我们要伺候丈夫,叫醒仆人,安顿子女,
给孩子洗漱和喂饭……

"这段话简直道出了女人所有的工作。天哪,几千年来世界真的一点儿也没改变。"

"今后也不会改变,妮克。顶多到了男人能生孩子的时候,才会发生变化。谁知道呢,也许遗传基因的研究有一天能让男人也生孩子。"

"我不会反对这一点点差别。"罗曼笑着说。

这时舞台上的卡罗妮克继续说道:

我还是回家去吧!
我们女人又能做出什么光荣的事呢?
我们只会打扮得漂漂亮亮,
头戴花朵,围着橙色的方巾,
脚穿丝带鞋,身披时髦的拖袍……

女主角吕西斯特拉特马上反驳道:

这正是可以拯救我们的东西,

> 橙方巾、丝带鞋、香油膏、脂粉，
> 还有透明的长袍！

塞内克斯小声解释道："吕西斯特拉特想结束雅典与斯巴达之间的战争，她号召全雅典的妇女不与自己的丈夫亲近，直到他们放下手中的武器。"

"斯巴达的妇女也同样如此。"罗曼补充道。

这时舞台上的吕西斯特拉特正满怀激情、手舞足蹈地试图劝说自己的同伴：

> 是的！我们漂漂亮亮地坐在家中，
> 身穿透明的纱袍，像爱神那样
> 微微敞开怀抱从他们身边走过：
> 你们会看见男人们是怎样急不可耐地想和我们亲近，
> 但是我们不，拒绝他们的要求！——
> 他们就会停战，我告诉你们，而且很快！

"她说得对。战争如果总是不能终止，女人的确难逃同谋的责任！"

"斯特凡，你胡扯什么呀！"

"怎么啦，妮克？如果女人们接受了吕西斯特拉特的建议，也许从那以后就真的不再会有战争了！可是，女人却希望自己的男人是头戴桂冠的英雄！"

"英雄之所以如此深受欢迎,是因为他们使同城的公民免遭被强盗侵害和沦为奴隶的悲惨命运。"

"奴隶……"贝蕾妮克正要问,塞内克斯连忙解释说他后面还会讲到这点的。

戏剧是必需品

"还有一点,在古希腊的剧场演戏,不说'上演',而说'讲授',悲剧尤其是这样。最早的诗歌(戏剧源于诗歌)首先是为了教育别人。诗歌传播了最早的神话和传说,它们包含有道德寓意。如果不是后来发生的事情使戏剧变成了生活中必不可少的东西,戏剧情节也许不会有任何发展和变化。"

"戏剧是必需品?"

"是的,罗曼。整个雅典的民众,不管是陶匠、鞋匠还是农民,都需要戏剧。这些卑微的穷人为争取平等的权利和更多的民主,与少数富人进行过坚决的斗争。庇西特拉图①从戏剧中,尤其是从悲剧中找到了教育民众的最佳方法。人们设立了酒神节,赞颂使万物生长的狄俄尼索斯。酒神节从大自然进入冬眠的十二月开始,到三月万物复苏时才结束。这些庆祝活动很快将农村的羊

---

① 庇西特拉图(Peisistratos,约前600—前527),雅典统治者。约公元前560年,他率众以武力夺取政权。在位期间,实行打击贵族、保护中小土地所有者、鼓励农工商业的政策;同时又大兴土木,建筑水道、神庙等,奖励学者、诗人,让雅典逐渐成为古希腊文化的中心。

人剧①带到了城市。这样,人们就看到了著名的戏剧大篷车,羊人剧中的人物在车上向下面的人群喊一些粗俗的笑话。因为大家都争着演出自己的剧目,所以不断有新剧目出现。这样,从乡村的舞蹈和歌曲中便产生了戏剧,这些歌舞原来是祭祀酒神时在神坛前的大合唱——这些现在依然存在,像我们在这里看到的一样。"

舞台上,戏剧已经接近高潮。吕西斯特拉特达到了目的,妇女们答应了她并发誓:

大家握住酒杯!
请你们跟着我发誓,你们会信守自己的誓言!

雅典妇女一个接一个地上前摸着酒杯,跟着吕西斯特拉特宣誓:

决不让参战者再做自己的丈夫……
决不让参战者再做自己的丈夫……
哪怕他兴奋地向我走来。——跟我说!
哪怕他兴奋地向我走来。——啊,我的腿都软了,吕西斯特拉特!

但是吕西斯特拉特毫不心软,她继续朗诵着誓言:

---

① 羊人名萨提尔,是一种拥有人的身体和山羊特征的精灵,他们跟随着狄俄尼索斯。羊人剧一般出现在悲剧的最后,形式更加轻松不羁,带有某种喜剧效果。

我在家不让他亲近……

我在家不让他亲近……

围着黄色的方巾，打扮漂漂亮亮……

围着黄色的方巾，打扮漂漂亮亮……

要让我的丈夫欲火中烧……

要让我的丈夫欲火中烧……

但决不委身于他……

但决不委身于他……

如果他用暴力强迫我……

如果他用暴力强迫我……

我将一动不动，使他扫兴！

"我们当然不能忘记伟大的悲剧诗人，"塞内克斯小声插话道，"他们像巨人一样站在欧洲戏剧王国的入口。这里只提其中最重要的三位：埃斯库罗斯和他的《普罗米修斯》，索福克勒斯的《安提戈涅》或《俄狄浦斯王》，以及第一个创造了'伊菲格涅亚'题材的欧里庇得斯（'伊菲格涅亚'是欧洲文学艺术取之不尽的创作源泉）。关于这几位天才的戏剧家及他们的作品我们能说上几天几夜，但是今天就谈到这里吧。因为喜剧一样能给我们带来愉快。剧中有合唱歌舞队，他们装扮成羽毛丰满的鸟、长着尾巴的萨提尔，或披着黄鼠狼皮、头发插满叶片似的饰品。"

塞内克斯停止了说话，因为吕西斯特拉特正在向她的同伴们发誓：

不要动摇，只要稍微再坚持一下。

神祇谕示：团结一致就能胜利！

"这句话也可以作为当代女性的座右铭。"贝蕾妮克嘟囔了一句。

塞内克斯站起身来，"以后我们还会有机会谈到这个话题。"他说，"现在我们离开剧场，去拜会一下伟大的苏格拉底，他从未写过什么著作，他的言论和学说主要是通过他的学生柏拉图的记载流传下来的。"

他们朝门口挤去。其他观众被台上的戏深深吸引，如醉如痴，不时地爆发出一阵阵响亮的笑声。

太阳正向西边的地平线坠去，影子越来越长。黑色的阴影给半圆形的观众席和舞台投去形状奇特的图案。这时又传来猫头鹰的叫声，声音低沉而忧郁，仿佛在宣告夜晚的来临，以及它将在夜幕下的小山上捕食飞行的消息。

三位伟大的哲学家

穿过小柱子支撑的大门，他们来到柏树林荫路上。塞内克斯带着他们从岔路走到山脚下的高地，从这里能看到比雷埃夫斯港口的岸滩和波光粼粼的海面，水面的颜色随着太阳的西沉变化着，开始是黄色，后来渐渐泛起了红色。海面上飘着几朵长长的云彩，海水、云和夕阳组成了辉煌灿烂的景象，帆船的黑色剪影闪烁其间。

"多美的景色！"贝蕾妮克禁不住低声赞叹道。

塞内克斯建议他们稍事休息，从野餐袋里拿出吃的，喝点葡萄酒等待天黑。

"今晚你们会碰到一点特别的事，但是必须等到天黑以后。"

"您把我们的胃口吊起来了，塞内克斯，请告诉我们，您准备给我们安排什么？"

"我想给你们介绍三位伟大的哲学家：苏格拉底、柏拉图和亚里士多德。我们现在就开始这个话题，但中途要去参加一个聚会——苏格拉底因为这个聚会变得十分出名。然后我们将回到住处继续讨论。如果不探讨一下这三位哲学家，是不能离开古希腊的。在我们之前有许多代人学习和研究过古希腊的哲学，我们之后也还会有人继续探索。"

塞内克斯用胳膊支撑着身子靠在一旁休息，看着眼前落日的壮丽景色，开始了讲解。

苏格拉底

"苏格拉底是这三位哲学家中最年长的一个。他年轻时做过石匠，或者说做过雕石匠，阿克罗波利斯山上通向雅典娜神庙的坡道上有几个女子塑像据说就是出自他手。人们对他的了解并不太多，因为他自己没有留下什么文字。他的言论和学说主要通过柏拉图的整理和出版才得以流传。他的学生用速记的方法将他的谈话刻在涂了蜡的材料上，然后再用墨水抄写在莎草纸上，练习书法的女学生再一份份抄写。

"此外，阿里斯托芬（我们刚刚看过他的喜剧《吕西斯特拉特》）在另一部喜剧《云》中把苏格拉底描写成了一个被嘲笑的对象。据说苏格拉底曾去观看过该剧的演出，但中途便离开了剧场。苏格拉底在古希腊声名最盛的时候曾被描述成一个奇特而丑陋的怪物——五十多岁，秃顶的周围绕着一圈红头发，看起来非常邋遢。可是他的影响力却是巨大的。他的主要活动是在阿哥拉散步，周围常常聚集一大批年轻人。人们说苏格拉底是一个能激发别人思想的人。"

"他是怎样做到的呢？"

"通过提问，斯特凡，他的问题能启发人想到很好的答案。他用一种沉着而冷静的方式进行追问，自己做出很无知的样子，好让别人来回答。但是他很快就会纠正别人的答案，指出事情并不像人们以为的那样。他不直接说出答案，但是身边的人会很快意识到他对这一事物的真实看法。他曾这样评价过自己：'我是深不可测的，我知道人类不可能知道的事物。'"

"这话听上去相当自负，而且还有点阴森森的。"

"啊，罗曼，苏格拉底一点也不让人觉得阴森可怕。他是个很坦率的人，过着极其简朴的生活，学哲学的人都知道他的那句名言（这句话是他看到市场上琳琅满目的商品后发出的感叹）：'我不需要的东西真是多得数不胜数！'"

"我宣布从现在起做他的学生。"

"他会很高兴的，斯特凡。就这样，苏格拉底开辟了古希腊哲学史上三位哲人争相辉映的伟大时代，没有苏格拉底，这个时代就不会出现。他的肉体和精神都很健康强壮，这也影响到他的智力以及他博爱良善的性格，他对嘲讽的偏爱也与此不无关系。他善于自我控制，容易接受新鲜事物，而且和蔼亲切。"

"这听起来像征婚广告上的自卖自夸！"

"我可不同意这种说法，贝蕾妮克。关于他与赞西佩的婚姻有很多传说，但都不真实。不管怎样，他身边很快聚集了一批忠实的追随者。整个古希腊的哲学都是在此基础上建立的。"

"请您详细讲讲。"

"我现在还不想说得太多，你们以前应该已经有所了解。当然，如果你们先去认识一下苏格拉底本人，亲耳聆听他讲的话，就更好了。我同意一种说法，那就是：苏格拉底一直在不知疲倦地问着、说着，追寻着事物的普遍性，这种普遍性我们今天称之为'理念'。苏格拉底认为，人必须努力辨认善与恶，不断获取知识，因为道德来自知识，而知识首先意味着自我认识。"

"认识你自己！"

"正是这样！罗曼，而且不能有心为恶。"

"这听起来像基督教的教义啊。"

"基督教的许多戒律在基督诞生之前就出现了。苏格拉底尊重知识、重视才智,他希望自己的追随者通过理性的追问达到真理的彼岸,因为(正如他所说)未经审视的生活是不值得过的。他的问题常常带有挑衅的意味,尤其是有意给别人下套的时候,这种机智肯定给他带来了很大的乐趣。"

"他最大的成就是什么呢?"罗曼问。

"苏格拉底注重研究合乎道德的生活,在他看来,最重要的是认识善。他认为道德以知识为基础,认识善,才能向善。只有智者才是有道德的人,才有处世的能力。对道德的认识能直接带来道德的生活。苏格拉底坚信,有一种绝对的、不可改变的道德法则,能使我们主宰自己的肉体和灵魂。"

"我以前还真不知道,这位著名的哲学家是一位如此伟大——我甚至想说,如此天真——的乐观主义者。"

"他当时不可能拥有我们今天这么丰富的生活经验,斯特凡,他对人类历史的发展也了解很少。"罗曼说,"而且古代哲学家也没有多少自然科学的知识。"

"所以我们才更应该钦佩他们。"塞内克斯说,"你们想想,德谟克利特在公元前500年就已经宣称,自然万物是由原子组成的,虚空是原子运动的场所。"

"可是这一学说被压制了多少年啊!"斯特凡说。

夜幕正在降临,焰火般的红色变成了紫色,渐渐与暮色融为一体。

这时又传来猫头鹰的叫声,这倒没有什么反常的,夜晚正是它们出没的时候，它们有的待在树上的窝里，有的趴在神庙门窗上的三角楣饰上，有的站在阿克罗波利斯山的石柱上。

"这也是提醒我们动身的信号，"塞内克斯说，"如果再晚点就认不清街上的路了。"

他们回到城里，从一排排的房子旁走过。天已经黑了，屋子里却没有光线露出来。夜空中星星在闪耀，不过没有月亮。他们不时碰上一个手举火把的雅典人，摇曳的火光照在黄色的院墙上，闪闪烁烁。

罗曼走到贝蕾妮克身边，扶着她。天色很暗，但是斯特凡还是发觉了，他也赶紧走到贝蕾妮克的另一侧。贝蕾妮克走在两人之间，心情轻快。

我打扮了一下，为了去见美男子

过了一会儿，他们看见一扇黑色的门前站着几个男人，其中两个举着火把。一个年长些的男人大腹便便，高高的额头上围着一圈编织的发辫，引人注目。

旁边的人问道："苏格拉底，你洗澡了？你穿凉鞋了！这可少见！"

"是的，"苏格拉底回答说，"我打扮了一下，漂漂亮亮地去见美男子。"他说话时给人一种心不在焉的感觉，似乎又陷入了沉思。

贝蕾妮克、罗曼和斯特凡充满敬意地打量着苏格拉底。他们和他一道进了屋子。一个仆人举着火把领他们走进一间房子，房间里的沙发上坐着几个男人。他们面前的小桌子上的盘子里放着水果、点心和乳酪，旁边摆着装满酒水的杯子和玻璃瓶。

小油灯使屋里的一切沉浸在温暖的光线中。

塞内克斯指着紧靠墙边的四把椅子，让三个年轻人和他一起坐下。

仆人给客人递来水和毛巾，请他们洗手。塞内克斯指着一个男人向三个年轻人介绍说，他就是阿迦同，这里的东道主。东道主对坐在房间顶头的苏格拉底喊道："你过来，苏格拉底，到我旁边来！"

苏格拉底朝主人走过去，在他旁边坐下。他们一起就餐，向酒神献上酒，然后唱赞美歌。歌声并不好听，有些不和谐和走调。

一个吹笛子的女子走进屋来，苏格拉底马上不高兴地喊道："让她走，她可以吹给自己听，或者去女人们的闺房里演奏。今天我们只谈我们关心的问题。"

"但是谈什么方面的问题呢？"其他人问。

"如果你们不介意，我可以提个建议。"苏格拉底回答说。

东道主说："啊，我挨你这么近，真希望能从你那里得到一些智慧。"

苏格拉底笑着说："你想得倒美，你以为智慧是那种可以从一个装得很满的容器里倒进另一个空容器里的东西吗？如果是这样，那我就为自己能坐到你身边感到很荣幸了，因为这样我就可以把你的某些超常的智慧倒进我脑子里。我的思想有限,也许还是有争议的,它像梦一样飘忽不定,但是你的智慧却闪着光芒,而且越来越多。"

说完这一席话,苏格拉底端起杯子喝了口水,继续说:"我们现在谈谈爱。你相信爱是美好的,而所有人都想永远占有美好的东西吗?"

"我认为是的。"东道主回答。

"那么我就由此可以推论出:爱是一种想永远占有好东西的欲望!"苏格拉底笑着说。

塞内克斯轻声说:"难道不能用一个更美妙的字眼来给爱下定义吗?"

说罢,他站起身来,三个年轻人也跟着起身。"走吧,太晚了。"他说。

一个仆人举着油灯,把他们送到门口。此刻夜色正浓。

第二晚

哲学的星空

哲学家和妇女

探讨哲学首先意味着提出问题

没走几步,他们就到了下榻的小旅舍,低矮的路灯照着旅舍前的花园,三个年轻人有一种如梦初醒的感觉。

"你们看,我们已经到了。"看到他们满脸诧异的神情,塞内克斯很得意,"赶快回你们的房间洗漱一下,享受享受现代社会的舒适。半小时以后,我们吃晚餐。"

钥匙还放在原处。他们回到收拾整齐的房间。

"多美好的一天啊,"贝蕾妮克小声说,"而且这么美好的一天还没过完呢。"

一刻钟以后,他们到了餐厅,餐桌上摆好了餐具和食物。

"今天我们喝希腊的葡萄酒,"塞内克斯说,"这是一种纯葡萄酒,没有任何化学添加剂,我想你们会喜欢的,同样,我也希望你们对今天的一切感到满意。"

"当然。"三个年轻人异口同声地回答说,而且他们打心底里这么想。

"可是,您还没给我们讲柏拉图和亚里士多德呢。"

"我马上就会谈到他们的,罗曼。让我们先结束对苏格拉底的讨论。像早期哲学家一样,苏格拉底确信人的思维可以检验真理。他的逻各斯①学说有着理性主义的核心,所以也可以说他是启蒙运动的鼻祖之一。苏格拉底以自己的学说反对古希腊人遵循的风俗习惯,无论是伦理上的还是宗教方面的。他认为人要不断追问真理,并指出人永远也不可能拥有绝对真理。"

"他是因为这点才被判了死刑吗?"

"他是因亵渎神灵罪被判了死刑,他被指控藐视传统宗教和教唆青年——作为未来的士兵,青年本应该以执行命令为天职,绝不能多问或对命令产生怀疑。苏格拉底最具个性的名言是他在雅典法庭上说的一句话:'我知道我什么都不知道。'"

"这是所有怀疑论者的座右铭。"斯特凡高声说。

"在苏格拉底看来,哲学探讨首先意味着提出问题,不断追问,不能满足于任何答案。对他的判决还有政治因素,这与如今的情形也没有多少区别。在今天,具有独立思考能力的公民仍令政治家们头疼,只是现在的惩罚远没有当时那么严厉罢了。"

"肯定是的。"斯特凡点点头。

"也许对苏格拉底的判决还有别的原因,苏格拉底曾经是陪

---

① Λόγος,原意是话语,但也有理性、思考等含义。

审团成员之一,他徒劳地反对过处决几名将军(这些将军在取得一场海战的胜利之后没有将所有的落水者救起来),因此,他在雅典不受群众欢迎。我希望每个人都能够像苏格拉底那样评价自己:'我毕生都在追随我认为正确的思想。'尽管如此,他还是有权利要求接受另一种惩罚。如果他选择流放,也会得到批准的,指控他的人本来只想让他保持沉默。但是苏格拉底却发表演讲,要求国家在他有生之年把他作为一个公开的行善者加以供养,陪审团认为这是极大的讽刺,觉得深受侮辱。"

"真是小心眼儿!"

"对他的死刑判决也许还有一个更深层次的原因。"塞内克斯说。

"是什么呢?"

"是人的本性。为了生存,人需要安全感和可靠性。如果有一个人对他们说生活中不存在安全和可靠,这往往会激怒他们,甚至让他们对这个人产生憎恨。这就是苏格拉底的命运。——我们现在回头看看监狱中的苏格拉底吧。他的老朋友克里同劝他逃走,并做好了一切准备。但苏格拉底认为,在这种时候,理性和信念是最重要的,最终他说服了克里同,没有逃走。这又一次证明了苏格拉底的主张:理性在道德行为中起决定作用。苏格拉底意识到,人不能听凭欲望,做自己想要做的事。毕竟,在这种情况下谁不愿逃走呢?不,人也不能做别人认为他会做的事。克里同和苏格拉底所有的朋友,甚至大部分雅典人,都认为苏格拉底应该逃走,而且他也会逃走。苏格拉底却做出了相反的选择:

'人只能做经过理性考虑而证明是正确的选择。我一生都坚持这个原则,现在也不会改变。'"

"苏格拉底是不是由于这一判决和死亡才产生了如此重大的历史影响?"罗曼问。

"可能是这样。"塞内克斯点头道,"苏格拉底在被判死刑后对法官说:'到了我们都该走的时候了,我走向死,你们走向生。可是究竟谁更幸运呢?除了神谁也不知道。'什么是善,这是每个人必须用自己的良心面对的问题!苏格拉底当然不是古希腊哲学史上第一个提出深刻问题的人,但他的问题肯定是最深刻的,尽管他的语气常常很平和,有时甚至很轻松。"

柏拉图

塞内克斯举起手中的杯子:"我们现在谈谈柏拉图吧。他是苏格拉底的学生,从小在父亲位于雅典的庄园里长大,后来游历过许多地方。公元前387年,他在从西西里回到希腊时被俘,支付赎金后被放了出来。之后就一直住在雅典,直到去世。你们可以把柏拉图想象成一个弯着腰走路的人。他所有的著作都围绕着苏格拉底,但这些著作与苏格拉底的言论不可能完全一致,柏拉图也从未尝试过记叙苏格拉底的生平,他更多是把苏格拉底当作传声筒或背景,来表达自己的思想。就这样,他为自己的老师建立了一座文学纪念碑,它几乎是同类中最好的。除此之外，柏拉图还是第一个教授形而上学的人。形而上学研究无法用感官直接感受到的事物，他将这些事物称为'理念'，而'理念'又是'本来的存在'。更重要的是他还创办了一座学园，名为'Academia'，这个名字来源于英雄阿卡德摩斯（Akademos）的墓碑——后来西方语言中便有了学院（Academy）这个词。柏拉图学园是一座花园，位于雅典城边一片美丽的风景中，约有二十名数学家和自然科学家聚集在柏拉图周围，在那里讲授自己的思想。柏拉图学园很快成为所有学园甚至大学的榜样。柏拉图要求学生接受十五年的教育，十年学数学，五年学哲学。当时的人们主要了解五种科学：算术、几何学、立体几何学、天文学和声学。柏拉图的对话集表明他是一位出色的作家，他的诗歌创作也证明了这一点。柏拉图的诗歌至少有三十三首流传了下来，从中可以看出，柏拉图是一个高度敏感和细腻的人，在他的身上，敏锐的理智和深刻的感情得到了完美的统一。

"这里，我给你们列举他的三段诗句，第一段是：

抬头仰望天空的群星，我的爱人，
啊，假如我在天空有千万双眼睛，
我将从那里凝视你的面容。

"另一段诗句：

你曾经是明亮的金星，

在芸芸众生中闪闪发光；
如今你云游冥府，
却仍像夜晚的星辰一样闪烁。

"还有第三个例子，在这首诗中，他把自己描述成一个偷食禁果的恋人：

我将苹果扔给你，
你欣然接受我的爱慕。
啊，你抓住它，并将你的贞洁献给了我。
请再想想——上天保佑！
你抓住它时就该想一想：
美丽是多么转瞬即逝！"

说完塞内克斯沉默了。

"在最后这段诗中，柏拉图很清楚地谈到了身体之爱。我以前总是把柏拉图的名字和柏拉图式恋爱联系在一起，以为那是一种有意识放弃身体接触的纯精神的爱情。"

"是的，贝蕾妮克。柏拉图在对话集里说，爱情首先是通过看到美丽的身体而产生的，它会变成一种对美的渴望，超越感觉和经验，只有精神能够把握它。现在让我们再回到古希腊同性恋现象。苏格拉底和柏拉图的哲学把节欲变成了一种新的理想，不过偶尔的性爱还是被接受的。"

个人是国家的组成部分

"我想介绍一下柏拉图的理念学说,"塞内克斯继续说道,"柏拉图在对话集中提出了理念论,形成他的核心思想。我想简短地谈谈他的《斐多篇》。这篇对话记录了苏格拉底临死那天与朋友的谈话,内容主要涉及死亡和灵魂不朽,在此柏拉图把他的理念论作为基本思想提出来了。柏拉图认为:'本来就存在内在于自身的美、善和伟大,一切事物都是如此。如果有人用鲜艳的颜色、美妙的形状或其他类似特点来解释为什么某物是美的,我将会嗤之以鼻,我坚信只有美本身使它美,而非他物。''美本身'也可以说是'美本体''美自身'。"

"也就是美的理念?"

"是的,斯特凡。从柏拉图身上你可以看到唯心主义的源头。他认为物质世界是由某种非物质的东西组成和支配的。对他来说,真正的、永恒不变的现实隐藏在可见的现象背后。这些思想给西方哲学和宗教打上了深深的烙印。他也认为,真正的信仰意味着参与某种崇高的创作,即对灵魂的照料。柏拉图使形而上学成了一门学科,也为分析哲学的发展开辟了道路。当然,和所有古希腊哲学家一样,如果不从他们所处的时代来看,我们就无法理解柏拉图。古希腊的语言、思想、行为、艺术、政治、城邦和诸神构成了柏拉图的生活,但又不仅如此。柏拉图的思想有三个中心:人文主义、科学学说和国家学说。柏拉图的两部内容广泛的著作都与国家有关,即《理想国》和《法律篇》。人文主义思想,我们在谈到文艺复兴的时候还会提到。现在更重要的是谈谈柏拉图对国家的理解。他把国家看作'一个整体的人'，个人只是国家的组成部分，国家有权要求废除私有财产和夫妻共同财产。"

"听起来与共产主义很相似，"斯特凡说，"原来那么早就有这种思想了！"

"太阳底下几乎没有新鲜事，"塞内克斯回答说，"至少古希腊之后没有了。柏拉图还说：'国家可以废除婚姻和家庭，生育孩子也由国家监督……'"

"这可有点离谱了！"

"的确是这样，贝蕾妮克。柏拉图是个教条主义者，他不承认个人的自由。"

"但如果柏拉图的这一思想真的被采纳，也许就能避免地球人口过剩的灾难。"

"也许吧，斯特凡。无论如何，按照柏拉图的想法，儿童教育也应该由国家负责。"

"这又是共产主义的思想了。"

"这是所有专制统治的原则！但是柏拉图后来对其进行了修正，在最后的著作《法律篇》中，他也赋予了家庭教育子女的权利。"

"这是他的幸运！"

"你看，贝蕾妮克，柏拉图只是认为（也许有点理想化）国家是激发人们美德的必要工具。"

"这听起来不错，"斯特凡说，"但是我认为情况也许正相反。"

"柏拉图说，人的幸福与他在国家中的生活息息相关，因为国家的目的是对公民进行美德教育，它给人带来幸福。他甚至还说：'真正的国家应充满理性的思考，因为所有的善都建立在知识的基础之上，也就是建立在科学的基础之上。在国家中，理性的统治地位意味着科学的统治地位，真正的国家宪法是由内行的人——哲学家来决定的。'"

"这话可得好好琢磨琢磨！看来柏拉图想要的也是独裁，区别只在于他追求的是理性的独裁。现在仍然有许多人认为世界只有通过某种开明的独裁统治才能得救。"

"你认为呢，斯特凡？"

"在今天的民主国家里，我们会看到政治家几乎是无能为力的。有很多解决问题的良方都无法实施，因为民众只想满足自己的短期利益，而民众决定政治。"

"那么你是想废除民主吗？"

"不，当然不是，虽然我觉得民主不能解决将来的问题，但个别人毫无限制的权力太容易导致专制了。"

"我们还是再简短地谈谈柏拉图吧。"塞内克斯要求道，"你们应该知道，在《斐多篇》中他已经提出地球是球体的学说，但他并不是唯一持这种观点的人。"

"在公元前 350 年？"

"不仅如此，贝蕾妮克，当时还出现了地球自转说和太阳中心说。在公元前 270 年，阿利斯塔克①就提到了太阳和月球的体

---

① 阿利斯塔克（Aristarchus of Samos），古希腊天文学家、数学家，出生于萨摩斯岛。

积与距离，提出行星和地球是围着太阳转的。柏拉图信奉毕达哥拉斯的宇宙观，他说：'围绕着中心火的依次是地球、与地球相对应的星球、月球、行星、太阳——它给地球折射出中心火的光。'"

"没有任何辅助工具，没有望远镜，没有六分仪，可是他却做出了这样的科学推论。"罗曼转身问塞内克斯道，"柏拉图已经死了两千多年了，为什么探讨他的思想对于我们还这么重要呢？"

"因为西方思想的基本理论深受他的影响，每当我们谈到真、善和公正的国家等概念时总会提到他。"

亚里士多德

塞内克斯继续说："最后我想简单介绍一下亚里士多德。请想象一下他的形象：细小的双腿、凸起的肚子、光秃秃的头和近视眼。他有发音缺陷，学生们经常模仿他的发音嘲笑他。这位伟大的哲学家穿着考究，喜欢美食，他经常在烧热的植物香料油里洗澡，然后再把这些油卖掉。"

"这听上去可让人觉得不舒服。"

"尽管如此，贝蕾妮克，他有着多么巨大的精神力量啊！他生活在比苏格拉底和柏拉图稍晚的时代。他可能不是古希腊最伟大的哲学家，但他的确是对西方历史发展影响最大的一人。亚里士多德是唯一一个得到基督教（说得更确切些是天主教教会）承认的古希腊哲学家。他的作品和思想能够流传，首先要感谢古罗马哲学家波伊提乌，他在公元500年前后将亚里士多德的全部作品翻译成了拉丁文，这些著作成了中世纪了解古希腊思想的唯一来源。中世纪经院主义哲学家大阿尔伯特[①]和托马斯·阿奎那[②]潜心研究亚里士多德的著作，并深受影响。人们称亚里士多德为欧洲最早的教授。他没有什么艺术天赋，也缺少柏拉图那样丰富的想象力和诗意的创作灵感，但是他具有极其敏锐的审美判断力。他是收藏家、批评家和组织者，更是一位自然科学家——哪怕他缺少现代科学研究必备的那些辅助工具，没有温度计、气压表、放大镜、望远镜，也没有试管和精密天平，甚至没有准确的钟表。在他生活的那个时代，人们还不知道分钟和秒钟。他们有着完全不同的时间概念，或者也许根本就没有我们现在的时间概念。即便如此，亚里士多德还是知道地球是球体。不过，他认为地球是宇宙的中心。"

"那么，他的这些思想有什么特别之处呢？"

"亚里士多德是第一个把思想和认识建立成理论的人，他试图把人的思想活动……"

"许多人可并不把思想当成一种活动。"斯特凡插嘴道。

[①] 大阿尔伯特（Albertus Magnus，约1200—1280），多明我会神父，提倡神学与科学并存，试图将亚里士多德的哲学与基督教神学综合在一起。
[②] 托马斯·阿奎那（Thomas Aquinas，1225—1274），中世纪经院派神学家、哲学家，将理性引入神学，建立完备的神学体系，代表作为《神学大全》。其理论对中世纪乃至之后的西方思想产生了非常深远的影响。

"他试图把人的思想活动看作认识思想规律的源泉。柏拉图相信自然界存在普遍的规律，但亚里士多德走得更远——他认为万事万物都能被理性地分析和理解。他最早提出，只有拥有分门别类的、相互独立的自然科学原则，才能真正研究自然。

"他认为科学分为三大类：探索和认识真理的理论科学、正确方法起决定作用的实践科学、创造新事物的创作科学。他赞同老师柏拉图的观点：科学存在于有根据的认识中。他意识到，逻辑的主要任务是探讨有根据的思想，也就是说，当人们从一些判断中推论出另一个判断时，必须给这个判断提供依据。

"亚里士多德认为，思想只有通过证明和定义才能变成认识。结论和定义是科学的一部分，它们都需要证明。他推行实验科学，认为柏拉图所说的理念是无法独立的第二存在，它们仅仅是通过言语'本身'进行的多余补充。"

"这是什么意思？"

"贝蕾妮克，这就是说，比如，马的'理念'是从所有马身上抽象概括出来的，是马的补充。"

"那么，按亚里士多德的说法，只有具体的事物是完全真实的。"

"是这样，斯特凡。他说，事物的本质不能独立存在，因为它不是物质性的东西。本质不能存在于事物之外。"

"也就是说，他认为，马的本质只能存在于某匹马身上，而不是任何别的地方？"

"我是这样理解的，罗曼。一件事物的本质是这个事物的一部分。"

"那么，亚里士多德是最早的实验科学家吗？"

"可以这么说。亚里士多德是第一个通过逻辑分析深入研究世界的人。他认为具体的事实是每一种思想的基础。他要求列举事实，把自然科学从哲学的束缚中解放出来。"

"您刚才说到过他的人性论，您能进一步解释一下吗？"

"当然，罗曼。亚里士多德认为，有意识地选择中庸之道是非常重要的，这是他最著名的理论之一。他希望每个人能够找到合适的行为尺度，在两个极端之间，比如在简朴和奢侈之间，找到一种折中的生活方式。此外，他还认为，所有事物都内在地含有一个目的。"

"实现自我也是这样一种目的吗？"

塞内克斯点头道："是的，贝蕾妮克，它指的是实现自身的潜能，从中也可以看出亚里士多德哲学的宗教特点。他认为，追求的目的是获得幸福。但是他也说过，是理智将人和动物区别开来的。"

"可是，亚里士多德的宗教思想是什么？您刚才说过，他是唯一一个很早就被基督教承认的古希腊哲学家。"贝蕾妮克问道。

"亚里士多德明确表示他主张一神论，他只承认一个上帝。他的《形而上学》第十二章讨论了这一主题。他把上帝和这个世界分开考虑。在他眼里，上帝是超越经验的纯粹形式，它不像'那些在世界中发生作用的诸多形式'一样被包括在世界里。"

"那么，按照亚里士多德的说法，上帝纯粹是精神的存在？"

"是的，罗曼。上帝是纯粹的精神，但不同于人的精神，它不是动态的，不会从潜能变成现实，它静态地占有知识，是对自身的观照。"

"我不太明白您说的这些，"贝蕾妮克说，"但是我还是能够领会这种对上帝的认识。我想，亚里士多德是一位值得尊敬的哲学家。"

"如果我告诉你，他曾经支持过当时普遍存在的观点——轻视妇女、手工业者和奴隶，或许你会马上改变这种想法的。"

"当然……"

作为科学的科学思想

"我们不能忘记他所处的时代。"塞内克斯说。

"为什么？比他们还早的古埃及妇女可是特别受尊重的。"

"古希腊人的想法不一样。我们今天可能觉得无法接受，但当时的情形就是这样的。我们先谈谈农民和'平民百姓'吧。雅典的那些受过教育的人，尤其是贵族，经常讽刺这些人，嘲笑他们犟头犟脑。这似乎不难理解，因为穷人生活在一个混杂着醉意、恐惧和肉欲的世界，对于他们来说，魔术师、巫师、预言家、躲在洞穴或德尔斐神谕宣示所里的女巫都比哲学家离他们更近。虽然亚里士多德有时也犯错误，但他是一个知识广博的思想家。他认为统治阶级应由精神和道德上的贵族组成，希望吸收中层阶级，即至少享受小康生活的市民，因为他们不会由于不满而想去推翻某种统治。他想把公民权限制在少数人的范围内，数量比实际上享受国民待遇的人更少。农民、手工业者和小商贩完全被排除在外。"

"我觉得这种想法是不符合社会要求的。"

"我们现在可以这么看，贝蕾妮克，但当时流行的观念是，体力劳动使人粗野平庸。直到起源于犹太教的基督教出现，这一观念才得到修正。古希腊人认为，体力劳动者没有时间履行公民的义务，因为这需要人有闲情逸致。亚里士多德曾说过'天生的奴隶'这一观点，足以表明他是个保守的思想家，当然这也是当时人们热衷讨论的观点。亚里士多德提出，希腊人不能奴役希腊人。他还写过动物史方面的书，收集了大量材料，之前没有人做过这方面的研究，这是具有积极意义的新尝试。"

"是一部亚里士多德的'动物史'？"

"可以这么说，罗曼。他对动物进行解剖学、生理学和行为方式等方面的研究。此外，虽然我们前面说过他不具备艺术天赋，不适合去评论悲剧和史诗，但他那广博的思想还是投向了诗歌研究，他的《诗学》是最早和最重要的文艺批评著作。亚里士多德创立了文艺批评的语言和定义，对后世产生了巨大的影响，这种影响甚至一直延续到今天。"

"您是指关于地点、时间和情节的统一的'三一律'？"

"是的，罗曼，不过亚里士多德本来只强调过一个统一，即情节的统一。无论他的成就多大，他都很谦虚，随时准备检验自己的理论。在获得了新的认识时，他总是力图更好地表达出来。"

塞内克斯沉默了一会儿，随后略带倦意地继续轻声说道："现在再说说他的结局。他是亚历山大大帝的老师，由于亚历山大的恩宠而受到雅典人的怀疑。亚历山大死后，亚里士多德被指控亵渎神灵罪，他避难于埃维亚岛，一直到去世，享年六十三岁。也许他是服毒身亡的。"

伊壁鸠鲁

"您刚才提到亚历山大大帝。他不是古希腊时期很有影响力的人物吗，我们为什么不谈谈他呢？"

"关于他到底是天才还是自大狂一直有争议，罗曼。他是一个侵略者和统帅，对历史有重要影响，但没有对人类的进化和发展产生太大的推动作用。他建立的帝国虽然强大，但却随着他的去世很快分崩离析。在人类发展的历史中，重要人物比比皆是，所以我们需要限制选择的范围。

"还有一个人我想提一下，我认为他是古希腊最后一位重要的哲学家——伊壁鸠鲁。他是这些哲学家中最和蔼可亲而通情达理的一位。他比亚里士多德晚出生四十年。在想到他的时候，我仿佛可以看到一位温和谦恭的智者在雅典城门前他自己的花园里逍遥地散步。"

"他不是一个除了自己的安康和幸福之外什么也不考虑的极端享乐主义者吗？伊壁鸠鲁主义这个词的另外一个意思就是享乐

主义？"

"贝蕾妮克，我们首先应该看到，除他之外，哲学史上还没有第二位哲学家的名字成为一种普遍的概念。伊壁鸠鲁寻求幸福，这是真的，但他不是单纯为了享乐，而是为了心灵的宁静。你们读读他的书吧，他的书值得一读。我想起了伊壁鸠鲁说过的几句话，斯特凡，我想你会喜欢。伊壁鸠鲁说，如果对宇宙的本质不了解，而是根据神话对此进行推测和猜想，就不可能摆脱恐惧。他还说，不掌握自然科学，就不可能享受到纯粹的喜悦。"

"当然啦。这些想法很合我的口味。"

"此外，伊壁鸠鲁还认为，偶然性只会在次要的事物上对理性的人产生影响，对于重要的事物，他早已用理智安排好了。"

"可惜，这常常只是善意的愿望而已。"斯特凡反驳道。

"伊壁鸠鲁还思考过宇宙，这些想法非常现代。他认为，宇宙一直是现在这个样子，而且将来也不会发生变化，因为宇宙之内没有能够使其发生变化的东西，宇宙之外也没有什么可以进入它而使它产生变化。宇宙由物体和虚空组成。感觉告诉我们物体的存在。我们必须通过理性的思考来判断那些看不见的东西，而这些理性的思考与感觉是一致的。"

"那伊壁鸠鲁也是个理性主义者！"

"也许他那完全面向存在的世界观是从理性中产生的。这种观点不仅仅是享乐的，更是理性的。"塞内克斯说罢，便起身准备回房休息，"晚安，朋友们！"

古希腊的妇女

"等一下!"贝蕾妮克大声喊道,把其他人吓了一跳,"我还想更多地了解古希腊的妇女。我觉得您展示的古希腊图景太过明亮、太光彩夺目了,略过了古希腊妇女这看起来相当暗淡的一章,这样至少是不太全面的。"

"好吧,其实之前我们也提到过一些。"塞内克斯小声说道,他看起来不太高兴,因为不愿意谈论他所热爱的古希腊的阴暗面。不过,他还是转入了这个话题:"的确,伟大的荷马史诗《奥德赛》和《伊利亚特》主要描述的是男人的世界,虽然战争是为了一个女人——美丽的海伦——但是她只被当作男人的财产,而不是独立的人,她不能决定自己的命运,无法选择爱人、丈夫或伴侣,从根本上说甚至只是玩物。"

"可是奥德赛的妻子可以选择丈夫。"

塞内克斯微笑着说:"感谢你的提醒,罗曼。实际上,在特殊的情况下,女人也有这种自由。但别忘了,奥德赛的妻子是王后,而且当时在别人眼里她已经成了寡妇。萨福也过着自由的生活,她孀居且富有。由此可以推测,独立自主对于古希腊时代的妇女来说并非完全不可能。但是,荷马史诗中的故事发生在古希腊很久之前的时代;萨福也住在西西里岛或莱斯沃斯岛,而不是雅典。荷马描述的贵族制度后来变成了雅典的民主制度,在这个新城邦中,家庭是最重要的生活形式,丈夫是主宰,妻子、孩子和耕种土地的奴隶都从属于他。"

说完，塞内克斯陷入了沉思。

作为社会基本单位的家庭

"在公共场合出现的主要是自由且富裕的雅典男人，"过了一会儿，塞内克斯继续说道，"他们谈论政治，讨论问题。女人只是操持家务的妻子，法律没有规定她们需要履行的公共义务。"

"女人从古至今扮演的就是这种角色。"

"不能这么说，妮克，有些方面还是有所变化的。"

"我也这么认为，斯特凡，"塞内克斯附和道，"雅典的妇女必须让家里的一切井然有序，好让丈夫能到阿哥拉的柱廊下散步和参加政治会议。其实，古希腊妇女从来没有'成年'过，她们总是被人照管着——由父亲或叔叔，结婚后就是丈夫，他们可以解除妇女的婚姻，甚至安排再婚。妇女的任务是生育子女，维系社会的生存。雅典人坚持要避免外来血统亵渎家庭的神圣性。所以通奸被视为犯罪，国家法律会插手妇女的情欲问题。"

"这可是干涉私生活。"

"当时还没有'私生活'的概念，贝蕾妮克。被判通奸罪的妇女不能参加宗教仪式，也必须同丈夫解除婚姻。这两点非常残酷，因为宗教、婚姻、孩子和家务是妇女生活的全部。"

"我猜，男人肯定允许有三妻四妾！"贝蕾妮克不满地嚷嚷道。

"伟大的演说家德摩斯梯尼是这样说的：'妓女为我们带来愉

快，情妇满足我们的需求，妻子则为我们生育合法的孩子和操持家务。'此外法律还规定，丈夫至少每个月要与妻子同房三次。"

"真过分。我现在很庆幸自己不是那个时代的雅典女性。"

"妇女很难保障自己的生计，她们既不能继承地产，也不能在法律文件上签名。只有在丈夫不能养家糊口时，妇女才能去做女佣挣钱，或者做点毛织品和葡萄酒之类的小生意。女奴则负责纺毛线和织布。除此之外，古希腊人还会杀死婴儿来控制人口的增长。这点我真的讲不出口，可是当时的确经常发生。"

"那遭殃的女婴肯定比男婴多。"

"我不得不承认这一点，贝蕾妮克。即使是现在，世界上每年仍有约一百万婴儿因女孩身份而丧命。人们常说：'穷人养儿子，富人弃女儿。'人们把刚出生的女婴装在罐子里扔到野外，冻饿而死或被野兽吃掉。"

"但是，没有婚姻的女人要怎样养活自己呢？"罗曼问。

"通过卖淫。妓女中有女奴的女儿（这些女奴必须服从男主人的意愿），也有自由人家庭中被引诱的女儿。"

"她们当时居然能不被处死，这可真是一个奇迹。"贝蕾妮克不无讽刺地说。

"但是父亲可以卖掉一个失身的女儿。当时有海盗和专门拐骗妇女的人贩子从事这种罪恶的营生。"

"难道古希腊的哲学家们就容忍了这一切？"贝蕾妮克小声问。

"我们知道，毕达哥拉斯让姑娘们和小伙子接受同样的教育，但这只发生在意大利的一块殖民地上。柏拉图虽然赞成青年男女享受同等的教育，但认为女人的能力比男人弱，即使没有依附关系，女人也需要男人。亚里士多德也认为女人在男人之下，他认为女人天生缺乏完善自我道德的能力，不过他也承认，女人有别的长处——比如美丽的身体和勤劳。"

"他竟然没把女人说得一无是处！"

"他也没有多说女人的优点，"塞内克斯说，"我不得不告诉你，亚里士多德认为女人生来就有缺陷，这个观点很严重，因为他的哲学影响非常深远——在基督教占主导地位的两千年历史中，亚里士多德都拥有不可置疑的权威。他的追随者神学家托马斯·阿奎那在十三世纪曾提出，虽然女人不是上帝的错误（因为上帝是不可能犯错误的），但女人是不完整的男人。六百年后的弗洛伊德甚至把女人称为有缺陷的男人，因为在性关系中，女人总是嫉妒男人。"

"在实际生活中，这一切真的如此极端和可怕吗？雅典的妇女真的就像法律所规定和哲学家所认为的那样，受到如此的歧视和压迫？有时候现实生活会很不一样。男女之间或多或少总有点爱情和理解吧。"

塞内克斯轻轻松了一口气："是这样，罗曼。一些女性通过教育、美貌和才智获得了优越的地位、富裕的生活、社会的认可，甚至是完全自由的生活。雅典的女孩通常不接受特殊教育。如果她们在十四五岁时结婚，她们可能只学了一点编织。但是，妇女完全可以走出家门去拜访亲戚、旁听政治演讲或看戏。她们不能陪同自己的丈夫出席宴会，却有其他的自由。法律毕竟只是法律，实际情况可能截然不同。如果丈夫太乏味，妻子也许还会有个情人，这是可以想象的，做丈夫的会睁一只眼闭一只眼，不希望这事被外人知道。否则，他就必须离婚，再把妻子的陪嫁还给她的父亲——不是每个男人都还得起的。何况即使看管再严，也不一定能使妻子忠贞不贰。雅典和世界上任何一个其他地方一样，一切都可能发生，毕竟不是一切都可以规定死的，而且我们也知道，法律规定总有可以绕开的空间。所以也常常会出现这样一种情形——在妻子和孩子身边躺着她的情人。"

这时，谁也没再说什么。

世界文学宝库中的重要人物形象

塞内克斯继续说道："或许还可以再提一点：古希腊文学与妇女有着奇特的关系。由于妇女不参与公共生活，诗人反而更热衷于书写她们。埃斯库罗斯、索福克勒斯、欧里庇得斯和阿里斯托芬常常把女人作为推动戏剧情节发展的重要角色。他们描述女人的痛苦、爱情、欲望，甚至谋杀，他们剧作中美丽的海伦、安提戈涅、欧律狄克、克吕泰涅斯特拉、厄勒克特拉、美狄亚，当然还有伊菲格涅亚——都成了世界文学宝库中重要的人物形象，在古希腊的悲剧和喜剧中起着举足轻重的作用。我想，关于古希腊妇女的话题就谈到这里吧。"

可是接着贝蕾妮克又提出一个话题。

有灵魂的工具

"从古埃及开始,我们就不断提到'奴隶'。我当然知道奴隶是什么意思。但是,您能否给我们做些讲解呢?奴隶制度在我们现代人看来是极不人道的。但它到底是怎么出现的呢?为什么在古希腊——这个您称为人文主义开端的地方——会有奴隶制度呢?"

塞内克斯对这个话题感到很不自在,但他还是很有礼貌地回答了:"也许我们真的必须讨论一下这个问题,它是人类历史上最黑暗的章节之一:一些人理所当然地支配和使用另一些人。奴隶始终是一种工具,它可以极大地拓展主人的能力。亚里士多德也是这么理解的,他把奴隶称为'有灵魂的工具'。"

"多么恰如其分!"斯特凡讽刺说。

"我们无法确定最早的奴隶是什么时候出现的。地球上的所有文化中几乎都出现过奴隶,古埃及也是如此。古希腊人可能是从腓尼基人那里吸收这种做法的。从约公元前750年起,随着古希腊殖民化的开始,古希腊人有计划地从别处抓人,并举行大规模捕人活动。他们首先抓获的是在内地生活的所谓野蛮人,把这些人当成猎物在大型奴隶市场出售。这种交易的规模有多大,你们从下列数据中可以看到:公元前二世纪的提洛岛上每天约有一万奴隶被交易,雅典、希俄斯或拜占庭的情况与此类似。在伯里克利执政的所谓黄金时代,雅典生活着三十万奴隶和三万自由人。"

"多么黑暗!"

"现在我们可以这么看。要是以前，别人会觉得我们的看法不可思议，别忘了奴隶现象一直持续到了十九世纪。在古代，抢劫一个城邦并奴役它的百姓是司空见惯的事情。每个人都活在这样的威胁中，甚至国王的儿子都可能被抓去在奴隶市场出售。地中海的海盗通过奴隶贸易捞足了钱，他们抓获的人中最著名的肯定是恺撒，不过恺撒最后离开了奴隶市场，因为家人能够为他支付巨额赎金。奴隶的孩子生下来就是奴隶，弃婴也常常沦为奴隶。当时弃婴很多，遗弃婴儿被当成控制人口的一种办法。原因很简单：中等生活水平的人家只能供一至两个孩子上学，因为重男轻女，所以被遗弃的女孩要比男孩多得多。"

"又是这样！"

"妓院老板正好利用这些弃婴，许多被遗弃的女孩在很小的时候就被迫卖淫。"

"现在的批评家过于忽略这些古老文化中的阴暗面了。谁知道，如果我们生在那个时代，会是合法的自由人，还是天生的奴隶？"

"你不会生来就做奴隶的，斯特凡。即使无法偿清自己的债务，你也只会成为债权人的财产，这种情况后来在古希腊和古罗马都被禁止了。还有一点我也想告诉你们，有些奴隶的生活也相当不错，甚至成了主人的知己和朋友。并不是每个自由的公民都能买很多奴隶，大部分家里只有一个。这个必不可少的奴隶几乎会成为家庭的一员，特别是保姆或家庭教师。亚里士多德有十三个家奴，他理所当然地认为有人天生是奴隶。柏拉图只有五个奴隶。还有用于特殊情况可以出借的奴隶,他们在庆祝活动和宴会中帮忙干活,如烹饪、跳舞和演奏音乐。在罗马帝国时代,富人想拥有有特长的奴隶,如女按摩师、家庭医生、轿夫、举火炬照路的人、看门人(他们像拴在门前的狗),还有希腊语教师和其他家奴。除此之外,还有经过训练的用来干手工活的奴隶。如果没有奴隶的血汗,古希腊和古罗马的文化就不可能发展到那样的高度。"

"那么后来呢?在古希腊和古罗马之后,奴隶制度可并没有结束啊!"

"所以也影响了后世,谁不知道《汤姆叔叔的小屋》[①]?美国的奴隶制不是在十九世纪通过血淋淋的战争才废除了吗?即使是伟大的宗教也容忍了奴隶制度,都把奴隶制当成业已存在的事实来接受,当然它们认为只有异教徒才能成为奴隶。奴隶制度通过罗马法进入了基督教,圣徒保罗在《哥林多前书》中写道,每个人都应该停留在自己的阶层,奴隶也是如此;圣奥古斯丁也认为,虽然奴隶比那些内心充满欲望的人更好,但身为奴隶仍然是上帝对罪人的自然惩罚;甚至路德也认可奴隶制度。在发现新大陆以后,信奉基督教的西方国家通过奴隶贸易非常残忍而不体面地发了横财。葡萄牙的航海者在十五世纪就开始贩卖非洲奴隶,随后是法国,接着英国为了给殖民地提供廉价的劳动力也开始大规模贩卖奴隶。1425 年,教皇尼古拉五世允许把异教徒变为奴

[①] 《汤姆叔叔的小屋》出版于 1852 年,作者是斯托夫人,讲述了一个老黑奴悲惨而虔诚的一生,对美国黑人奴隶制的废除产生了一定影响。

隶。一百二十年后,教皇保罗三世给予神职人员保留和使用奴隶的权力。但是在谈完这黑暗的一章后……"

"……可这章从根本上来说远远没有结束,就算后来表面上名称起了变化。"

"很遗憾,斯特凡,你说得对。但是我现在仍建议大家去睡觉。"塞内克斯说。

大家也实在累了,于是互相告别,起身回自己的房间休息。

第三天
无与伦比的帝国

古罗马

永恒的罗马

他们用完丰盛的早餐,走出小旅舍,展现在面前的完全是另一幅景象。脚下的山丘笼罩在一片散淡的光线中,天空飘着薄若面纱的云雾。太阳像一个灰白的玻璃圆盘浮上云雾上层,给人一种错觉,好像它是从快速向前飘动的云彩中产生的。

山脚下丘陵起伏的地带有一座城市,四处散布着各种建筑物。有的城区窝在山谷里,有的则建在绿色葱茏的小山包上。山上长满柏树、五针松、棕榈和许多别的树木。

他们听到山脚下的街上传来一阵阵嗡嗡的喧闹声,声音听着像从一层厚厚的粗呢地毯下发出来的。

塞内克斯指着一张石凳说:"去参观这座城市之前,我想跟你们说几句。昨天夜里我们睡觉的时候,人类历史又过了几个世纪。"

他们坐到石凳上。

"我已经知道要去的是哪个城市了!"

"肯定是罗马,妮克,"罗曼兴奋地喊道,"从那些建筑就能看出来。"

"是的,这完全是有意安排给你们看的。之前你们已经参观过耶利哥、孟菲斯和雅典了。罗马并不是人类历史上最早的城市,但它可以说是第一个现代意义上的大城市。这里居住着两百多万人口,他们大部分住在专门供出租的房屋里,在这种五层的房子中一般能住下五户人家,以前从未出现过这样的现象。另外,罗马(当时被称为'永恒的罗马'①)也是第一座拥有砖瓦屋以及大理石圆屋顶和拱门的城市。这里有四千多栋普通住宅楼、一千七百多栋高级房屋、两百多个库房、八百多个公共浴室、一百多间公共厕所和近五十家妓院,此外还有一千三百多眼水井、两百多家面包房和几个消防站。这是一座巨大的城市。那边的小山上耸立着带圆柱的罗马城堡,罗马广场向左边延伸着,罗马帝国从这里统治着世界。"

"我看见了神庙、屋顶、纵横交错的街道和穿过楼宇的高架引水渠。"罗曼兴奋地大声说道。

"这些引水渠把净水从山上引入城市,它们是罗马人的命脉。城市里到处是雕塑:众神、堪比神明的皇帝、大将军、展开双翅的镀金神鹰、刻满浮雕的石柱和凯旋门。你们看那边帕

---

① Roma aeterna,原文为拉丁文。

拉蒂诺山（Palatinus）上的皇宫，宫殿（Palast）一词就来源于这座山的名字，就像'皇帝'（Kaiser）源于'恺撒'（Caesar）的名字一样。进化公园之所以向你们展示罗马，是因为在过去近两千年的时间里，西方没有出现过比它更重要的城市。罗马是西方世界的中心，而且一直持续了几个世纪，影响之长远甚至超越了罗马帝国，在经历了民族迁徙的动荡和整个中世纪（甚至宗教改革）之后，罗马仍保持着这一地位。只有到了我们这个时代，罗马的影响才逐渐减弱——但也只是在政治上，实际上梵蒂冈①的影响仍然遍及全球。"

"这真是对罗马的盛赞，可是古罗马的科学、哲学……"

罗曼马上附和斯特凡说道："还有艺术、戏剧、诗歌、雕塑呢？"

"不得不说，你们还真会揭短，或者像拉丁文说的那样——还真能找到问题的关键②。"

"快说说吧！"

塞内克斯点了点头。

古罗马人的三大贡献

"经历了古希腊的高速发展之后，人类文化陷入了一种沉睡状态。"塞内克斯解释说，"此后是一个漫长的停顿期，也可以说

---

① 位于罗马城西北角，为"城中之国"。
② 原文中"关键"一词用的是拉丁文"nervus rerum"。

这是在取得巨大成就后的巩固期，这一时期是必要的休整，就像生物在进化过程中也常常经历缓冲一样。此后又过了许多年，一直到文艺复兴时期，文化才又聚集了创新的力量。当然，我们不能说在此期间文化没有任何发展——叙利亚出现了吹制的玻璃器皿；恺撒拟定了历法，规定平年三百六十五天，闰年三百六十六天，德语中'七月'（Juli）就是根据恺撒的名字'尤利乌斯'（Julius）命名的，因为恺撒出生在七月；大希律王①在今天的海法附近的公海使用水泥块（将水泥灌制到巨大的木模子中制成）建立了第一个港口；此外，一个叫斯特拉波的人相当精确地标明了地球圆周，并认为在地球上不为人所知的地方肯定还有别的大陆存在；数学家和机械师希罗制作了一个用蒸汽推动的玩具，不过他没有做出更具实用性的蒸汽发明。"

"如果他当时做出了更具实用性的蒸汽发明，这个世界的发展可能会是另外一种样子。"

"唉，斯特凡，那会怎样呢？"罗曼插嘴道，"历史是无法假设的。"

塞内克斯还在继续列举他所关心的事，想把这一时期重要的历史现象都提到："韦斯巴芗皇帝②建造了能容纳五万观众的斗兽场，这是世界上最大的圆形露天剧场，一直保留到二十世纪初，

---

① 大希律王（Herod the Great），罗马共和国境内作为自治国的希律犹太王国的犹太王，扩建了耶路撒冷的第二圣殿。
② 韦斯巴芗（Titus Flavius Vespasianus，9—79），罗马帝国皇帝，创立了弗拉维王朝，下令修建罗马斗兽场。

它是最伟大的古典建筑典范。特别值得一提的是,卢克莱修[①]在公元前就开始研究伊壁鸠鲁的学说——前面我们介绍过伊壁鸠鲁——请原谅我有点东拉西扯,但这些都是古罗马时期发生的事情。卢克莱修也强调物质的原子特性。他宣称,决定人类命运的不是神秘的天神,而是自然法则。"

"英雄所见略同!"斯特凡兴奋地说道。

他们从一条狭窄而崎岖不平的小路走下山。小路旁边是一栋栋乡村别墅,别墅的大门口有漂亮的圆柱装饰。鸟儿在茂密的五针松林里飞翔,树林里散发出凛冽的松香味。鸟儿悦耳的鸣叫声几乎盖过了城市里传来的声音。

接着,塞内克斯又谈起罗马的手工艺:"古罗马人从他们占领的城市和乡村,如埃及、希腊、法国南部、西班牙、突尼斯(当时名为迦太基),学到了许多技术,并用自己的艺术鉴赏力完善了这些工艺。他们的玻璃制品在今天仍很有名。"

"我家就有只古罗马的玻璃杯,"贝蕾妮克说,"现在经常能看到漂亮的仿制品——蓝、绿、红和黄色的杯子,它们的光泽偏暗,图案也有些模糊,是为了看上去更像古董。"

"你们想象一下,古罗马的国王、大臣和富人就是用这种杯子喝酒的。他们还改善了金属开采技术,很重视砖瓦制造业,在制陶方面也堪称大师(虽然古希腊的花瓶、盘碟和罐子一如既往地占领着手工艺的巅峰领域)。印染业和制革业开始繁荣,大型

[①] 卢克莱修(Titus Lucretius Carus,前99—前55),罗马共和国末期的诗人和哲学家,代表作有《物性论》。

的烘焙作坊和榨油工厂也已经出现。他们还为城市建设提供了大量砂浆。此时农业中也已经开始使用肥料，当然主要是牲畜的肥料，但比耶利哥和当时艰难的耕种进步了太多。当然我可以一直滔滔不绝列举下去，不过现在我觉得已经讲得够多了。"

"古罗马人在文化发展上不是也很有贡献吗？我觉得他们做出的成就可远不止这些。"

"你说得没错，罗曼，"塞内克斯回答说，"不过罗马人最突出的贡献不在哲学领域，而是以下三个方面。首先，罗马人堪称现代建筑之父；他们最大的成就是穹顶技术，有了穹顶，他们就能创造巨大的内部空间，柱子不需要承重，而变成了纯粹的装饰；但也许更重要的是，他们学会了提取砂浆，在建造多层房屋、公寓楼、供水管道、下水道、道路和桥梁时采用了砖砌结构。其次是罗马法律，这点我尤为推崇，我们的文明一直到今天都是建立在罗马法的基础上的。最后是管理的艺术。"

不同血缘的肢体组成的身躯

"想想看，罗马帝国的土地上居住着多少民族！在如此广大的空间里，互相传递消息肯定是非常费力费时的事。"斯特凡若有所思地说。

"我们可以把罗马帝国比作一个由不同血缘的肢体组成的身躯，"塞内克斯回答说，"在战争和叛乱中建立的政治机构为国家治理奠定了基础。罗马原来是个小村庄，后来成了一个大城市，接着占领了意大利，最后成为整个地中海沿岸地区的首都。罗马统一了互不相同甚至相互抵触的民族、传统、文化、语言和宗教。现在教皇赐福信徒时常说的'致本城（指罗马）和全世界'[①]在奥古斯都皇帝[②]的时代就已经出现了，他们把罗马和世界看成一个整体。诗人奥维德曾写道，其他民族的生存空间有严格的界限，只有罗马人的城市和世界是一体的。是的，当时的人认为罗马是座永恒之城，是安定祥和的帝国首都。伟大的诗人维吉尔曾告诫罗马人，要给予各民族适当的权利，建立和平的秩序，善待被征服的人。"

"但是当时的统治非常严酷。"

"尽管如此，罗曼，罗马帝国各处都洋溢着和平与安定，这的确是它的伟大功绩。罗马贵族是罗马法律和政治机构的象征，在他们的保护下，贸易和经济繁荣发展。各种文明的融合碰撞产生了更加成熟的生活方式、文化和艺术，政治上的集中统治也带来了一系列伟大的成就，比如罗马法，它经历了几个世纪的考验，成为许多宪法的基础。这是罗马帝国的功绩。"

"我觉得，这个功绩可不小。因为律法是冷静思考和实践理性的胜利。我们应该认真想想，古罗马人为人类共同生活所做的贡献是否真的不如古希腊人，包括在哲学方面。"

[①] 拉丁文"Urbi et orbi"，为宗教用语。
[②] 即屋大维（Gaius Octavius Thurinus，前63—14），罗马帝国的开国君主，也是恺撒的继承人。

"在为人类的共同生活所做的贡献方面也许大些,斯特凡,但是在哲学思考这方面肯定比不过古希腊的。"

"我绝没有贬低古希腊的意思,它充满理性色彩的哲学我也很喜欢,罗米,"斯特凡让步道,"我只是想尽量展示一下古罗马的风采。因为即使再伟大的哲学家,如果一天到晚生活在混乱状态中,也不可能进行深入的哲学思考。'健康的思想只能产生于健康的身体',这是最具古罗马特点的格言。我们完全可以把'健康的身体'改为'健康的国家',而格言中的'思想'则可以代表所有的文化成果,如艺术、哲学、文学、戏剧、绘画和音乐。"

"我也同意这个观点。"塞内克斯附和道。

绵延流长的高架引水渠

他们经过一块墓地,墓地中有豪华的石棺和墓碑。"所有墓地都在城外,"塞内克斯解释说,"法律是这样规定的。你们看那边,地平线上有一座新的高架引水渠,两千年以来,这座高架引水渠的剪影一直是罗马的象征。人口的增长让供水问题愈加重要。皇帝奥古斯都和阿格里帕[①]下令修缮老的引水渠,并从三个水源引水。公元 410 年哥特人入侵罗马时,罗马已经有十一座高

---

① 阿格里帕(Marcus Vipsanius Agrippa,前 63—前 12),罗马政治家、将军,也是奥古斯都的挚友和得力助手。

架引水渠了，它们从很远的地方把生活用水引进城市，其中一部分水会流入地道。水渠、管道和上千眼水井使家家户户都有水用。当时的管道也埋在地底下，几乎每栋房子都有蓄水池、水管甚至喷泉，仅罗马城就有七百名水工。"

长长的引水渠由排列紧密的墩子支撑着，上面安装有木轮驱动的吊车和轮盘。男人们在支架上干活，从下面只能看见星星点点的人影。

"上面的人看上去小得像虫子。"贝蕾妮克说。

"我们现在从奥勒良城墙穿过去，进入市内。"塞内克斯说，"再好好欣赏一下永恒的罗马。"

一排排密密麻麻的房子隔出一条条街道，屋前的人行道上都有遮顶。有些人还用麻绳从窗口将刚刚买来的新鲜食物装在篮子里吊上去。街上到处都是商店，屠夫的柜台上挂着掏空了内脏的家禽、去了毛的家兔和猪蹄。

"房子的高度一般不能超过街面宽度的两倍，"塞内克斯继续讲解，"否则遮光太多。但是那种专门供出租的五层楼例外。在城中心，也就是所谓的'岛'上，有许多这种房子，大部分是投机商盖的；不过其实罗马的各个城区都有，它们是这个巨大而嘈杂的房屋海洋的基本组成部分，房屋中间还有作坊和商店。一栋楼里挤着二十户人家，里面喧声不断，臭气熏天——当然也不乏和睦的邻里关系。"

"成天吵吵嚷嚷，"斯特凡插话道，"这跟现在有什么不同呢，他们休息时间都干些什么？"

"去剧院和斗兽场。"罗曼说。

塞内克斯点头说道:"是的,但罗马的管理机构并不无偿提供面包和戏剧。圆形露天剧场总是座无虚席,看戏对古罗马人来说是一件重要的事,它极大丰富了人们的生活。许多古罗马诗人给我们留下了关于这种盛况的详细描述。我原打算安排你们到斗兽场看看,不过我们又遇到了选择和舍弃这个难题。前面我们去过奥林匹亚,参观过雅典的酒神节剧场,所以决定这次安排些新奇的、完全不同的东西——公共温泉浴场。现在你们要看仔细了,我们只有一次走过古罗马街道的机会。"

孩子们在滚铁圈、抽陀螺。贝蕾妮克立刻发现街上有许多猫,这些猫在罗马已经是家猫了。在古埃及,它们曾被看作圣物。

许多房子的木门钉了大钉子,这些钉子组成了很有艺术魅力的图案。阳台栏杆和窗台上晾着许多衣物,大部分窗户都挂着窗帘,女人们把头伸出窗外同街对面的邻居聊天。

"这跟今天也没什么两样啊!"贝蕾妮克一直在东张西望,关注着从她身边走过的女人,她们身穿垂到脚面的短袖束腰长袍,头上系着头巾,长长的头发从左边披下来,再从胸前绕到右边。

古罗马的妇女

"古罗马妇女的生活,特别是上层社会的妇女,比古希腊时代要好得多,"塞内克斯解释说,"虽然男人仍占主导地位,但是妇女对自己的生活有更大的决定权。她们可能从来没有得到过政治权利，但她们拥有经济权利。许多女子能受到良好的教育，可以读书，学习写字和算数，这也让她们拥有各种就业机会，她们可以独立生活，而不是仅仅依附于丈夫。她们的经济地位甚至比此后两千年中的妇女都高。女儿像儿子一样享有遗产继承权，有的父母甚至还会偏袒女儿。在罗马帝国时代，有些妇女拥有大量财产，很精明地做着投资。古罗马人尊重自己的妻子，敬重自己的母亲。妇女的生活场所是家庭，她是'一家之母'，与丈夫有相同的权利。但是她必须恪守妇道。"

"这不难想到！"

"是的，贝蕾妮克，不过古罗马的妇女可以离婚。奥古斯都大帝最终从法律上给予了妇女更多权利，不过，另一方面法律也为男人保留寻欢作乐的自由，他们可以和情人、女奴睡觉，妓院随处可见。"

"也许又只有已婚妇女不能偷情。"

"当然不能，贝蕾妮克。通奸肯定遭人唾弃，妇女只能和丈夫同床共枕。如果她不能保持贞操，就会失去一半陪嫁和三分之一的财产，还可能被流放到孤岛上。父亲如果当场抓获女儿的情夫，甚至可以马上杀死他；不过丈夫只有在确定这个人出身低贱时才有权杀他。当然，如果这个丈夫与另外一个自由人的妻子偷情，也同样犯通奸罪。为了逃避惩罚，大多数偷情女子会在事情败露前先要求离婚。离婚是家常便饭，女人更换丈夫像孩子换玩具一样频繁。男人在这方面不受限制，可以有许多情妇和女奴。"

"不是也有维丝塔①女灶神庙贞洁的女祭司吗？"

"是的，贝蕾妮克，这些女祭司是维丝塔女神的仆人，她们住在罗马广场的南边，祭司总共有六位，她们守护永恒不灭之火，三十年之后才可以还俗。不过她们大多相当富有，享有很高的声望。"

大家都依赖口头传递的消息

人行道上，商人、农民、士兵和逛街的市民往来穿梭。车轮在微微隆起的石道上吱呀作响，公牛和母牛站在笨重的车杠之间奋力拉车。扛货的人或担着重担，或将货物顶在头上，小心翼翼地避开从身边经过的豪华轿子。轿里坐着罗马的贵族或富有的夫人们，他们担心在街上走路会弄脏自己的衣物。在街上奔忙的还有赶牲口的、沿途叫卖的以及其他各行各业的人。

"你们看这些铅制的水管，"塞内克斯大声招呼道，"这是地中海地区最早的供水设备，山上的清水就是通过它们流入各个水井和公共浴室的，当然还有居民的家中。高高的砖塔上铅做的水池里储存着供富人享用的水，落差形成的压力推动了水的流动。"

"那时的技术已经达到这样的程度了吗？"

"还不止这些呢，斯特凡。更值得注意的是，房子里的污水

---

① 维丝塔是古罗马神话中的炉灶、家庭女神。

都通过一个地下系统排出去了。这种地下水道的尺寸很大，人可以在其中直立行走。污水通过铁制的堰闸流进大排水沟，最后流进特韦雷河（即台伯河）。"

"这河肯定臭气熏天！"

"是的，贝蕾妮克。但要让城市中几百万居民生活得更健康些，不使瘟疫流行，这是必要的牺牲。"

说话间，他们路过一家理发店。一个罗马人坐在舒适的藤椅上，正对着一面金属镜子，仔细打量自己刚刚刮过的脸。他穿着束腰短袖长袍，长袍下露出一双穿着凉鞋的赤脚。

"古罗马的理发师不仅负责美容，还替人理发和修胡子，"塞内克斯微笑着解释说，"他们还负责传递消息，把官方的公告传达给市民，当然也有各种小道消息。当时没有报纸和其他印刷品，只有抄写件，大家都依赖这种口头传达的消息。所以在消息传递的过程中会出现多少误传和夸张就不难想象了。此外，由于炎热，中午所有商店都会关门，人们会用木闩把门关好。到了晚上，还有巡夜人举着火把走街串巷，确认门的关闭情况。当时街上还没有照明设施。"

重量和尺度

往前走不远，他们四人来到了一个市场，侧面是两栋带柱廊的二层小楼。

"楼上有许多写字间,"塞内克斯解释说,"商人租下它们来大量收购农产品,然后出售到别的地方。他们通常走水路运送货物。"

市场中央有一口水井,罗马有许多这样被一圈柱子团团围住的水井。柱子上面是砖砌的圆顶,水井旁边放着各种罐子。女仆们带着装水的容器来井边打水,闲聊一阵,然后将水拎回家去。孩子们伸手从井里捧水喝,对着水中的影子哈哈大笑。疲惫的老头老太太们坐在市场的阶梯上聊天,市场的各个角落都摆满了盖着棕色遮光布的货摊,看上去像一条斜顶的通道。这些遮光布可以防止货物被晒,也能让商贩乘凉。货摊前有人讨价还价,有人高声叫骂,有人在打手势招呼顾客,有人在精挑细选。蔬菜、粮食、水果、家禽、蛋类、葡萄酒和油等产品应有尽有。有个角落在卖鲜鱼,鱼是一大早从奥斯提亚港口运来的。称重时,卖主会把秤杆拿在手里,秤砣是个黄铜制的圆球,上面还雕刻着谷物女神刻瑞斯像。

"当时不仅有称重的工具,还有衡量尺度的工具,"塞内克斯向他们解释说,"否则古罗马不可能有如此辉煌的建筑艺术。你们看,那边还有商店、手工工场和面包房。对面那条小巷里,奴隶在用沉重的石磨碾磨粮食。面包师大部分在屋外工作,他们把扁形甜面包放进跳跃着火苗的烤炉里。"

"就跟现在的比萨店一样。"

"市场周围有许多储存粮食、葡萄酒和油的仓库。"塞内克斯继续说,"葡萄酒和油一般需要保存在阴凉处,因此会放在大的双耳陶罐里,然后埋在地底下。——快看!这里有一家油店。"

院子里放着榨油机和许多大圆桶，圆桶里面装着黑色、棕色、浅绿、深绿、花梨木色等各式各样的橄榄油，或光亮或浑浊。奴隶们将赤裸的手臂伸进容器里搅拌。

"手艺人喜欢聚在一起，"塞内克斯说，"他们发现这种竞争并不坏，反而更能吸引顾客，搞活生意。顾客也都愿到这里来找自己需要的东西，并且总能找到。"

"这是一种相当现代化的认识。"

"是的，斯特凡，阿拉伯的集市和现在的步行街也是这样。这里有金银饰品街、面包街（你们刚才看见过）、藤编物街、陶器街和缝纫街。师傅大多住在离店很近的地方。街边有不少供人休息的小酒馆，酒馆的柜台摆满了各式饮品，陶杯则放在墙架上随手可取的位置。你们看，那边在盖房子，请注意上面的穹顶，圆拱是先用木板围住再用砖砌的，古罗马有无数这样的房子。"

他们继续往前走，塞内克斯还在滔滔不绝："最重要的广场当然在古罗马，它的废墟至今还吸引着成千上万的游客。遗憾的是有几个世纪里，它都被当成采石场，所以完全毁掉了。在当时，罗马广场是世界的政治和宗教中心，罗马帝国的国策就是在这里决定的。这个长方形的广场周围是宏伟的建筑和柱廊，它们是国家管理机构的大楼和神庙，当然还有凯旋门。广场南部耸立着帕拉蒂诺山和王宫，西北部是元老院所在的城堡，它是罗马帝国最高的权力机构。——得快点了。现在我们去参观古罗马人最爱去的卡拉卡拉公共温泉浴场。古希腊时，浴室主要是为竞技选手建造的。古罗马人继承了浴室的概念，并从希腊语中引进了'thermos'这个词,意为'暖和的'。他们把简陋的浴室发展成一种建筑艺术品——桑拿浴室像神庙一样气派,公共温泉浴场也像宫殿一样豪华。对于古罗马人来说,沐浴的意义首先是一种隆重的仪式,其次是清洁身体,最后是享受生活。公元前33年,罗马有一百七十家大型豪华公共浴场,另外还有无数小的私人浴室。小浴室大多设在旅舍里,主要是为了招徕顾客,或者建在商业区的旁边和交通枢纽地段。当时人们还为沐浴制定了一系列规定和收费标准。"

一座红砖建筑物

他们快速向前走去,很快就到了卡拉卡拉浴场。

"这座建筑看起来像大教堂,说它富丽堂皇一点也不过分!"贝蕾妮克惊奇地赞叹道。

入口前面是一片绿地,种满了各种各样的灌木和树丛。人们纷纷涌进浴场,他们穿着色彩各异的短袖束腰长袍,男人的袍子刚过膝盖,女人的长袍则垂到脚面。

公共浴场在城市中几乎自成体系。浴场周围是花园,大小不同、形态各异的雕塑点缀着花园、屋顶、壁龛、长廊或柱脚等各处。旅馆、娱乐中心、图书馆和体育学校前都有喷泉。人们漫步在设有商店、小吃店、按摩院、仆人公寓和行政楼的拱廊中,购买油和药膏,会见朋友,欣赏新的艺术作品、马赛克和雕塑,坐下来读书或听讲座。公共浴室是一个宽敞的建筑群，装饰华丽，有五颜六色的大理石、圆柱、楣饰和飞檐、马赛克地板以及用从偏远省份运来的一整块珍贵大理石雕刻而成的浴缸。

塞内克斯给三个年轻人留出时间浏览四周令人目眩的奢华。过了一会儿，他才说：“这里大约能同时接待一千六百人，平均每天接待五千人。浴场从中午一直开到太阳落山，特殊的日子晚上会延长几小时，那时大厅里用青铜灯照明，光线透过雾气，形成梦幻的效果。每天有数百万升的水从高架引水渠流入浴场的冷热水池和游泳池。密布在墙里和地下的水槽和管道为各种储水容器和浴室供水。真的，浴场的技术设备甚至比奢侈的陈设还让人吃惊：有供暖和通风设备，还有设计精密的排水系统。一大批人为浴场忙忙碌碌，包括商人、公职人员、安装工人、司炉、清洁工、看门人、澡堂看护，当然还有许多仆人——为卡拉卡拉浴场工作的仆人大约有一万……"

"这几乎是现在一个小城市的人口数量！"

"是的，贝蕾妮克。浴场给许多人提供了工作机会。大部分仆人是奴隶，其中一些已经成为浴场的专用奴隶。还有一点不能不提一下——为了给浴室供热，大面积的森林被砍伐了。"

"已经开始破坏环境了！"

"是的，罗曼！在人类砍伐或种下第一棵树时，人类的行为便与环境问题联系在一起了。但是，那时的人对破坏环境的危害还一无所知。如果斗兽场没有特别的剧目上演，古罗马人就会无忧无虑地在浴场运动、洗澡，打发他们的下午。人们将这些大型的豪华浴场称为'大众休闲中心',这里没有阶层的区别。公共温泉浴场是最受古罗马人欢迎的娱乐场所,他们说:'沐浴、美酒和爱情侵蚀了我们的身体,但只有沐浴、美酒和爱情才意味着真正的生活。'"

巨大的嘈杂声充斥着拱顶大厅

"请想象他们洗澡的程序,"塞内克斯继续说,"首先是发汗,让体内有害的物质都蒸发出来。然后擦干身体,浸泡到极热的水池中,再在热腾腾的雾气中散散步,接下来进入冷水池浸泡,促进血液循环。最后是按摩,在皮肤上涂油和香精。这些步骤完成后,他们会到浴场的训练场锻炼身体,跑步、打球、摔跤或进行别的体育活动。"

"这里只有男人。"贝蕾妮克说。

"不同皇帝执政时的情况会有所不同。官方规定要求男女分开沐浴,但也有过一个时期是可以男女混浴的。一方面规定'沐浴者按性别分开',另一方面说'妇女在图拉真浴场沐浴'。在自带浴室的出租屋和其他稍小些的公共浴室,男女是混浴的。哈德良皇帝[①]规定男女分开沐裕,妇女的浴室稍小一些,但设施更加

---

① 哈德良(Publius Aelius Hadrianus,76—138)是罗马帝国安敦尼王朝的第三位皇帝,117年—138年在位,罗马帝国的"五贤君"之一。他在边境建筑防卫用的哈德良长墙,鼓励文化艺术的发展。

讲究。可以肯定的是，许多贵族妇女都避开公共浴池，以免名声受损。"

拱形沐浴大厅充斥着阵阵吵闹声，隐约可以听见两个人的交谈。

"这么说，瑟克斯图斯，你也在这里洗澡？"稍微胖一点的人问道。

"是的，瑟维鲁斯，"稍瘦的那个人回答说，"我很高兴，在离住处很近的地方有这么舒服的温泉浴场，这里能洗蒸汽浴，还不用担心洗完澡后找不到脱下的衣服。"

"按摩师的手艺也不错，"叫瑟维鲁斯的那个人附和道，"他们不是随便给你捏捏对付了事。"

"这里的仆人也很机灵，随叫随到。"

"是的，这个浴场的管理真不错。"

浴场里数百名仆人行色匆匆、忙忙碌碌，一些人不断背来干树枝和劈好的柴，为浴场烧水；另一些人像影子一样在浴室腾腾的雾气中无声地走来走去，怀中抱着一沓沓毛巾和双耳陶罐。

"罐子里装的是按摩用的香油。"塞内克斯向三个年轻人解释说。

还有一些仆人正在清除马赛克地面上客人带进来的沙子。

塞内克斯继续说："之前我们介绍过，古罗马人从古希腊人那里继承了洗澡的习惯，但除此之外，他们还继承了很多其他消遣方式，尤其是悲剧和喜剧，比如阿里斯托芬的《吕西斯特拉特》。古罗马人把普劳图斯①和泰伦提乌斯②看作戏剧诗人。有一个人我必须讲到，他是奥古斯都大帝的朋友、最著名的艺术赞助者和促进者。你们知道我指的是谁吗？"

"梅塞纳斯，"罗曼大声说，"'艺术赞助'（Mäzenatentum）这个词就是由他的名字而得来的。"

"梅塞纳斯是贺拉斯、维吉尔和普罗佩提乌斯的资助人。他的宫殿和花园里经常聚集着艺术家、诗人和学者，他曾送给贺拉斯一座农庄，他们一直是亲密的朋友。聚会上也有各式社交和赌博类的游戏。此外是悠闲而挥霍的生活，他定期举行宴会，宴席包括从餐前小吃到餐后甜点等七道菜。曾经有人十分生动地描述了商人特利马乔家的盛宴：抹了蜂蜜和罂粟的榛睡鼠肉，一只木头做的鸡里放着孔雀蛋，与星座名称一致的菜，如牛肉代表'公牛座'、虾代表'摩羯座'——还有许多其他的珍馐美味。一群训练有素的仆人在一旁以歌舞助兴。"

"真够奢侈的，简直是纸醉金迷。"贝蕾妮克说。

用石块铺成的道路网

塞内克斯打断斯特凡和罗曼的谈话说："我想打扰你们一下，当然还有你，贝蕾妮克。那边的长凳上坐着两个中年男人，其中

---

① 普劳图斯（Titus Maccius Plautus，约前254—前184），古罗马喜剧作家，音乐剧先驱。
② 泰伦提乌斯（Publius Terentius Afer），古罗马剧作家。

一个刚刚旅行回来。或许我们可以去听听他们的谈话,这样不仅可以听听当时的旅行情况,而且可以了解古罗马人的伟大成就之一——贯穿了近半个欧洲大陆的道路网。这个道路网一直延用到现在,仅仅在今天的意大利境内,就有近四百条主路和一万八千条石子铺成的支路,还有八万三千公里的乡村道路。其中一条道路穿过阿尔卑斯山,伸向巴黎、维也纳、奥格斯堡、科隆和莱顿,中间还有牢固的桥梁相连接,至今仍有四万块古罗马路碑屹立不倒。另一条路则越过巴尔干山脉,穿过土耳其、巴勒斯坦,沿非洲海岸延伸到埃及的亚历山大,从那里再跨过突尼斯进入阿尔及利亚沙漠地带,一直到摩洛哥。为了便于理解,我刚才说的都是现在的地名。从丹吉尔开始,这条路又沿着摩洛哥的西海岸进入南部。还有一条路跨过直布罗陀海峡,穿过西班牙和法国,从加来过海峡到伦敦——最后在利物浦抵达爱尔兰海海岸。古罗马的道路网对中世纪欧洲的贸易和交通起到了无法估量的作用。"

"多么伟大的成就啊。"罗曼试图在脑海中勾勒塞内克斯描述的壮观景象。

"这些道路一般宽四至七米。城市中还有人行道,路面铺的是碎石块,上面铺一层细石子。如果必要的话(比如在大城市附近或者交通繁忙地段)则用不规则的石块铺路。这样,路面就可以更好地承载车的重量,抵御雨水的侵蚀,避免下沉。古代的工程技术人员已经懂得不同土质和特殊地带的土地构造。他们精通自己的本行,无论所修的道路是经过沼泽地、泥炭沼,还是有可能出现急流的山地,他们都能应付自如。今天意大利语中的

'strada',英语中的'street'和德语中的'Straße'[①]都源自古罗马,而不是拉丁文……"

"拉丁文中'街道'叫'via'!"

"是的,罗曼。'strada'一词源自道路建设中一个重要的技术细节,即'平整'和'用石块铺设道路'。这个词将古罗马的道路与其他不铺石头而尘土飞扬的道路区别开来,显然,这种石路具有明显的优势。交通干线的建设意味着大规模的群体劳动,建设隧道需要凿开岩石,建造桥梁需要搭建多个巨大的拱形桥洞。罗马放射状街道网的中心点,是奥古斯都大帝在罗马广场树立的一块金质路碑。世界各地的士兵和商人在四通八达的道路上往返奔波,无数的商品、各种思想和文化以及后来的基督教由此传播开来。最后那些给罗马帝国送终的'野蛮人'也是从这些道路入侵的。据塔西佗记载,当时的信使早晨从美因茨动身,行进一百八十公里,当晚就能抵达科隆。配置良好的驿站会提供各种帮助,从罗马到美因茨大约需要十天。另外,罗马有很长一段时间是禁止使用车子的,因为车子妨碍交通。罗马的富人都坐轿子。只有在街道拓宽以后,这种进步的交通工具才变得势不可当。公元二世纪后,车子开始取代轿子。另外再给你们讲一个住宅布置艺术方面的细节,古罗马人还发明了最早的带有门和隔层的衣柜。"

他们朝那两个男人走去。他们坐在搭有柱棚的井台旁,这井

[①] "strada""street""Straße",词义均为道路。

是为居住在山林水泽之间的女神建造的。

"你为什么走了这么一大圈,一直逛到顶南端去了?"年纪稍大的那人问。

"为什么?为了做生意,亲爱的。第一夜,我住在一家简陋的客栈,唯一奢侈的是房外有一个走廊,我不得不在一个很扎人的睡袋里忍了一夜!第二天早晨我骑着骡子赶路,大约傍晚到了流经蓬蒂尼亚沼泽地的水渠源头,那里居然有两家旅舍。可惜这两家都是很下流的场所,店主粗俗又狡猾。我试图在船上弄一个铺位,但船夫根本不理睬我。我看见有些人直接跳到舢板上,就也跟着跳上了船。这条小船靠骡子拉着纤往前走,呱呱的蛙声和蚊虫的叮咬让人不得安宁。一个人哼着凄婉的曲调,另一个人鼾声不断,第三个人则骂骂咧咧,因为那两人吵得他无法入睡。我不知什么时候睡着的,醒来时太阳已经出来了。大约十点钟上了岸。路越来越陡,我坐车去福米阿。在那里,如果能到某个朋友的乡村别墅住一晚就太走运了,否则就得住在肮脏的小客栈里,还要随时留意自己的东西不被偷盗。我真没想到在伟大的公路旁边还有人偷盗!店主拉长着脸走来走去,嘟嘟囔囔很不情愿地接待客人,而我却不得不忍受糟糕的饭菜,并支付远远超出食物价值的钱。更可怕的是夜里!要么在臭气熏天的大房间里靠桌旁忍一觉,要么就得在根本不能称作床的床上睡,成为虱子和跳蚤解馋的佳肴。"

"听起来可真吓人。"那个岁数大些的人说,"你出去了多久?"

"我总共离开罗马十三天。"

"十三天,近半个月呢,时间可不短。"

"毕竟比以前强多了——没有阿皮亚这条公路时,人也不知怎么过来的。"

这时,塞内克斯小声说道:"那时人们就知道生活是要一步一步走完的一个过程。"

听到这句话,三个年轻人都有些吃惊地看着他。

一个无与伦比的大都市的建设史

随后,塞内克斯向他们建议道:"现在离开浴场吧,今天可不能像昨天一样回去那么晚。"

"但古罗马肯定还有许多可讲的东西!"

"当然,贝蕾妮克,但是我们不可能把整个罗马帝国的历史都讨论一遍,一一介绍所有的领袖、皇帝、演说家、诗人、哲学家,以及那些迷人的风俗习惯。罗马帝国的历史非常丰富,越是深入其中,就越容易被吸引,他们崇尚实事求是、冷静客观和富有理性的精神很合我们的口味。但哪怕花上几个星期时间,我们也只能了解个大概。进化公园的任务主要是为了让大家对这些产生兴趣……"

"它应该也能激起人的思考。"

"你说得对,斯特凡,但是兴趣和思考并不相斥,而是恰恰相反!至少思考是随着兴趣而产生的!"

"我同意你的说法。"斯特凡觉得塞内克斯的话简直说到他心坎里去了,他情不自禁地握住了塞内克斯的手。说完,他们站起身来。许多人涌向浴场的出口,因为快到关门的时间了。

"也许你们还想在夜晚的街道上逛逛?我们可以散一会儿步。"

涌动的人群和变化万千的景象又一次给他们留下了深刻印象。三个年轻人不断打量着黄昏中越来越温暖而浓郁的斑斓画面,塞内克斯在一旁讲述这个无与伦比的大都市的建设史:"你们在古埃及看到过的花圃,罗马也有,比如卢库鲁斯将军[①]的花圃,他极尽奢侈的生活是尽人皆知的。然而在公元64年,罗马被大火烧毁了。"

"尼禄皇帝[②]真的下令烧毁罗马城吗?"

"这可能纯属虚构,贝蕾妮克,但很能体现尼禄的疯狂和残暴。人们很快开始重建罗马。二十年后,罗马又拥有一百多万居民了。古代没有一个城市比罗马更大。奥古斯都皇帝重修了所有街道,并兴建了一个新的大型排水系统,让平整、拓宽和重铺道路成为可能。他在十字路口建造了祭坛和献祭的雕塑,还修筑了桥梁,并为皇帝、年轻的王子和许多将军建造了凯旋门。中世纪教堂的正门就是仿照凯旋门三分拱门的形式建成的。你们仔细看就会发现,科隆大教堂、巴黎圣母院和英国大教堂与它们有很多

---

① 卢库鲁斯将军(Lucius Licinius Lucullus,前110—前57或56),罗马将军、执政官,他将通过战争获得的巨大财富用在建筑、艺术等文化活动中,建造了卢库鲁斯花园,招待有识之士。
② 尼禄皇帝(Nero Claudius Caesar Augustus Germanicus,37—68),古罗马皇帝,以暴虐、放荡出名。公元64年,罗马城遭大火,被认为与他有关。

相似之处。同时,古罗马人还重建了无数神庙、柱廊、浴场和水井。另外非常重要的一点是:热爱和平的哈德良皇帝在公元138年建造了雅典娜馆(Athenäum)。"

"雅典娜馆是什么?"

"它可以说是欧洲最早的大学,至少是大学的雏形,贝蕾妮克。因此,在今天的比利时,人们仍称大学为'Athéné',意大利语中叫'ateneo'。"

"可雅典娜是希腊女神呀。"

"是的,贝蕾妮克,在希腊语中她本来叫'athenaion'。雅典娜馆是雅典娜女神的圣地,诗人和学者在这里传播他们的智慧。罗马人醉心于古希腊和它的文化,虽然他们占领和征服了希腊,但仍把希腊作为学习的榜样。但凡注重教养的人,都会给儿子请希腊老师,他们学希腊语,去希腊旅游,整个罗马的雕塑都没有表现出希腊之外的特征。可就像你们前面看见的那样,古埃及和古希腊的建筑风格有很大的差别。我想特别介绍两个建筑代表作,一方面是因为它们今天还在,另一方面是因为它们是一种全新的创造,至少在规模上是这样。两座建筑物都是哈德良皇帝下令建造的。第一个是万神殿,它原本是为一座古希腊风格的圆形神庙而设计的,内部直径达四十米,并且没有任何支撑物,上面是由分格的铜镶板制作的圆形屋顶,它是古罗马建筑艺术的典范。光线从圆顶上一个直径八米的天窗照进万神殿,同时又形成一个极为精确的日晷仪。佛罗伦萨的大教堂、圣彼得大教堂、伦敦的圣保罗大教堂和大西洋对岸的华盛顿美国国会大厦在建筑风格上都与万神殿一脉相承。在万神殿里，身处朦胧的天光中，人们会产生一种宽广、自由和迷醉的感觉。此后只有哥特式风格的大教堂达到了这种境界。这座饰有大量神像的神殿很可能是哈德良皇帝设计的，至少是他倡议修建的。哈德良皇帝像恺撒、奥古斯都、克劳狄乌斯和奥勒留一样，是世界历史上的伟人。"

贝蕾妮克问："第二座建筑物是什么？"

"我想是哈德良皇帝的墓。"罗曼插话道。

"是的，就是现在的天使堡，它给人们留下深刻印象，不仅仅是审美上的特色，更重要的是其浩大的建筑规模。哈德良皇帝下令建造天使堡，但还未完工他就离开了人世。随着历史的发展，天使堡经历了许多变迁。它曾是罗马皇帝的陵墓、贵族的堡垒和教皇的庇护所。天使堡也证明了罗马建筑大师的杰出才能和对静力学的掌握。老普林尼是第一个科学地描述并归纳自然现象的人——他死于被维苏威火山爆发埋没了的庞贝城。他和诗人马提亚尔都曾自豪地赞颂道：世界上没有任何一座城市可以和罗马相比。"

"他们怎么知道呢？当时的他们不可能了解整个世界呀。"

"你说得对，斯特凡，他们是指自己所了解的那个世界：古埃及、古希腊、巴勒斯坦、北非、普罗旺斯和英国——这也没什么不对。从罗马的规模和一百多万的人口来看，它的确是个巨大的城市。当然，老普林尼和马提亚尔把罗马称为无与伦比的城市，也许并非称赞罗马的人口和规模，而是其建筑物的富丽堂皇和公共设施的卓越出众。可以肯定的是，在他们生活的那个时代，也就是奥古斯都统治的时代，由于权力的不断扩张和新的统治形式的出现，那些用黏土瓦砖堆砌的旧的共和时代的城市面貌，必须用新的、真正具有革命意义的建筑来代替。改变城市面貌的计划最早是由恺撒大帝开始的，但是直到他的后继者奥古斯都统治的时代才改用白色大理石。尽管出现了一系列新的变化，但是罗马人仍不愿舍弃旧神庙和人头攒动的广场，也不愿舍弃狭窄阴暗的街道——女人们在这里聊天，男人们在街头的小酒馆里聚会。由于山顶上的供水无法确保，所以罗马人更愿意住在市中心。奥古斯都命令守夜者举着火把巡逻，并新建了许多水井。我认为，奥古斯都统治时期是世界历史上最能体现福利社会的时期。公元一世纪罗马帝国拥有三百三十万平方公里的疆土和五千四百万人口，此前西方历史上从未出现过一个如此庞大而又统一的国家——它涵盖了众多的民族，而又不使这些民族受到危害！"

"要是一直这样保持下来该多好啊！那欧洲的许多战争和痛苦就免除了。可是，请您告诉我，这么多人的墓地在哪儿呢？"

"罗马人把死者葬在城外，斯特凡，后来基督徒才把死者安葬在地下墓穴中。"

自由的罗马人非常重视自己的权利

罗曼不愿意谈论死亡，他请求道："塞内克斯，请讲讲罗马法吧，您曾说它非常重要。"

"我很乐意。但是我想讲得简单些。在历史的发展过程中，罗马法有许多改变和补充，现存的法律体系都受到它的影响。自由的罗马人非常重视自己的权利，他首先拥有两项基本权利：上诉至国民议会的权利和表决权。上诉权非常重要，并为大家所熟知，如果一名法官没有给被告上诉的机会就执行死刑判决，那么他就犯了谋杀罪。这种原则到帝国时代被扩展为民事诉讼。从那时起，人们就能够由低级法院向高级法院上诉。当时一共有两个最高法院，一个是由执政官主持，另一个直接由皇帝统领。新设立的法庭很快取代了旧法庭的地位。在这种审理中，上诉至皇帝的权利特别受重视。"

"这对保障个人权利很有益处。"

"不仅如此，斯特凡，我们可以说这是人性的巨大胜利。"

他们穿过城市，走出城墙，很快就回到了住处。塞内克斯让他们再回头看一眼罗马：房屋沐浴在落日的余晖中，夕阳从奥斯提亚港口后徐徐坠向大海。许多砖瓦屋散落在昏暗的街道和小巷里。有些地方，特别是市中心，大理石建筑像一座座闪闪发光的小岛巍然耸立，长方形的中心广场和周围富丽堂皇的建筑群则更加夺目。一侧是椭圆形斗兽场，另一侧是元老院所在的城堡和图拉真圆柱以及帕拉蒂诺山上高高的宫殿。宫殿群耸立在山谷之中，高出周围的七个小山丘被奥勒良城墙围住。高架引水渠像拉长的尺子一样，从山上笔直地伸进城里，天空中布满古铜色的暮霭。

贝蕾妮克闭上眼睛，想让眼前的一切牢牢印入脑海，永不忘记。她深深地感到，这是一个绝不可能重现的美好瞬间，一股冲动使她紧紧抓住罗曼和斯特凡的手。他们三人一动不动地凝神站了一会儿。在这一刻，他们是那么强烈地感到自己与过去的一切如此紧紧相连。

拉丁字母表

塞内克斯等了一会儿，然后说道："在离开这座城市前，我再说最后一个问题。古罗马时代还诞生了中世纪普遍运用的语言——拉丁语。它对欧洲几乎其他所有语言都有影响，是意大利语、法语和西班牙语的基础，在德语和英语中也能看到它的痕迹，这种影响比我们能够意识到的还要大。拉丁语也一直是许多科学应用的语言。在全世界范围内，植物学家、医学家都用拉丁语交流，昆虫学家也是如此，我先举这几个例子。随着语言的发展，文字也逐渐出现了——拉丁字母表，这由二十六个简单的字母组成的字母表征服了全世界。它也许有着更为深刻的意义，文字不是一个简单的形式，它同时也是内容。一部分罗马的思想借助拉丁文字传遍世界，展露着精神和物质两方面的冷静和明确。几乎世界上所有重要的文学作品、科学论文和历史文献都有拉丁文版本，即使最初是用一种完全不同的文字——如用西里尔文①、阿拉伯文和中文写成的,最后也都会被翻译成拉丁文。现在所有的人类文字都能用拉丁字母来转写。通过英语这一媒介,拉丁字母成了人类的通用字母。"

"我有个疑问——您也许会觉得有些怪,"罗曼说,"我总在思考这个问题,但一直没有找到答案。古罗马的诗人、法学家、历史学家和刻碑文者——这些写字的人怎么能把字词正确拼写出来呢?那时可没有《杜登辞典》②,也没有成千上万份印刷好的文字规范法则。"

塞内克斯一下子不知如何回答,过了一会儿才说道:"这个问题我也找不到答案。当时一定存在某种共同的规定和供学习的书面材料。"

"罗马人有书吗?"罗曼追问道。

"有的。当时有很多人读书,甚至还有书店。老普林尼得知人们能在里昂买到他的书时,曾非常惊讶。他根本不知道那里还有书店。"

"偏远的外省也有人读他的书,他一定非常自豪。"

"是的,罗曼。公元前一世纪时已经出现书籍经销行业,罗马城向各地提供新书,并统一使用拉丁文。西塞罗③曾抱怨过希腊作者错误百出的抄本。他的朋友、出版商阿提库斯是一位文学爱好者,也是一个精明的商人。他不满足于家奴的誊写本,专门

---

① 由希腊字母演变而来的斯拉夫民族文字。
② 《杜登辞典》,因出版者康拉德·杜登而得名,是影响深远的德语辞典。
③ 西塞罗(Marcus Tullius Cicero,前106—前43),古罗马政治家、思想家、演说家、散文家。

做了一批复制品。他会先仔细检查、审核书稿的书写质量，然后在几个大厅里让一些人同时抄写，每个大厅安排五十人，新的抄写本也会经过一轮检查，然后才能投入书市交易。到奥古斯都时代时，渐渐出现公共图书馆——最后多达二十八个。每个大型浴场都配备图书馆，卡拉卡拉浴场甚至有两个图书馆，书放在一排蓄水池顶端的壁龛上。私人的图书室当时也很流行，书市交易相当繁荣，以至于塞内加[①]对这种不经选择的阅读大加攻击，他认为应该避免无目的的阅读，因为滥读只能给人一种博学的假象。在选择书籍时不能只重视数量和书的装潢，而应该在较小范围内精读，这样才是真正有益的。"

外面的光线暗下来了，塞内克斯让三个年轻人进屋休息。

"我们看到的一切都会消失。"贝蕾妮克不无伤感地说。

"这就是时间的本质。"斯特凡非常理解她的感受，"据说现在只能持续四秒钟。没有过去，就不可能出现新的事物，也不可能有新的发展。"

他们走进下榻的小旅舍，取上钥匙，各自回房间去了。

[①] 塞内加（Lucius Annaeus Seneca minor，前4—65），古罗马哲学家和戏剧家，斯多葛学派代表人物。

第三晚

真实与信仰

拿撒勒的耶稣

出生在伯利恒的孩子

晚上,他们聚在餐桌旁,塞内克斯开始了新的谈话:"我们现在要讨论一个非常重要的话题,一时半会儿聊不完。你们脚下的罗马是那个时代最光彩夺目的城市,然而,数个世纪以来,在它的地下一直有两颗定时炸弹在嘀嗒作响,其中一颗毁灭了这座城市,而另一颗却给它带来了新的荣耀。"

"我想,我知道您指的是什么,"罗曼急切地插话道,"这不难猜,第一颗是日耳曼民族大迁移①,他们最后占领并毁灭了罗马;第二颗是基督教,它虽然以另一种方式导致了罗马帝国的灭亡,但也让罗马成了教皇的所在地。"

"你说得对,"塞内克斯回答说,"几百年来罗马人在宗教问

---

① 一般指的是公元4世纪到6世纪,以日耳曼人为主的民族向罗马帝国境内迁徙并建立国家的过程。

题上一直非常宽容,只要不玷污他人或危害国家,每个人都可以有自己的信仰。"

"但早期基督徒认为只有自己掌握了神圣的真理,这种想法破坏了对宗教的宽容态度,"斯特凡强调道,"我觉得这是一种不同寻常的现象。"

"可能是这样,"塞内克斯若有所思地说,"也许这是人类进化过程中的一次飞跃,从物质到超验的飞跃。从人类诞生之初起,经过文化高度发展的五千年,人类虽然一直在祈求神的保佑,但主要还是专注于尘世,他们热爱生活、装饰房屋、美化城市。但突然间,人对这一切都不感兴趣了,好像什么都是多余的,他们鄙视世俗的世界,甚至自己的生命。"

"他们认为这些是罪恶的根源!"

"是的,人们开始追求完全不同的东西,斯特凡,他们把目光投向头顶的天空,找到了生命的彼岸。于是,在伯利恒——据说是在奥古斯都统治时代——拿撒勒的木匠约瑟和妻子马利亚生了一个孩子,取名耶稣。'Jesua'是希腊语,意思是'耶和华救主',犹太人称自己的上帝为'耶和华'。六百年后穆斯林称神为'真主安拉'。此外,犹太神的名字耶和华'Jehowa'或'Jahwe'与罗马人的神'Jupiter'或'Jovis'之间的相似之处也是显而易见的,就像'Zebaoth'[①]这个词的词根可能是'Zeus'(宙斯)一样。"

[①] 《旧约》中上帝的一个称号,意为"万军之主"。

"据我所知，耶稣有四个兄弟和几个姐妹，是马利亚前一次婚姻中生的，对吗？"

"在某种程度上是对的，《马可福音》中曾提到过耶稣四个兄弟的名字：雅可布、约瑟、犹大和西蒙。"塞内克斯说，"不过我们今天并不讨论这些，让我们回到耶稣的话题上吧。我们（进化公园的管理机构）很认真地研究过，是否有必要在公园中再现耶稣的生平事迹，但是后来放弃了这个打算。一方面，我们无意与那些质朴虔诚的乡村耶稣受难剧竞争，它们大都与通俗的宗教艺术作品很相似。另一方面，耶稣的故事已经广为人知，没有展示的必要——他在马厩里出生，最后在各各他被钉在十字架上，每个欧洲的孩子在学校里都会学到这些。此外还有数不清的书籍、绘画和电影。我认为你们也熟知这个故事。耶稣的思想你们在宗教课中都学到过，每次做礼拜时听的布道也无非是这些内容。"

"但是耶稣在马厩里出生，还有那些牛、驴、牧羊人和三圣的种种故事都只是童话啊。"斯特凡插话道。

"它们表明耶稣同情牧羊人之类的弱者，反对有权有势的人。"

"就算是这样吧。但我认为一直存在着两个耶稣！一个在信徒心目中，另一个存在于《圣经》学者和批评家眼中。他一会儿出生在伯利恒，一会儿又可能出生在拿撒勒；他时而是童贞女马利亚的独子，时而又是约瑟和马利亚五个儿子中的一个；一个耶稣创造了谁也无法创造的奇迹，另一个耶稣只不过是医好了几个病人，会驱邪——医病和驱邪在当时被看作一码事，跟古埃及一样。放眼望去，我看不到历史上的耶稣，更别说上帝的儿子了。

我看到的顶多是追随者心目中那个能救赎世人的人。"

"好吧，斯特凡，即使历史上没有耶稣这个人，他也活在信徒的心中。他可能不是上帝的儿子，但他至少是一个在很多方面给人制定了生活准则的真实人物（尽管这些准则很少有人完全遵照执行过）。"

这话好像又碰到了斯特凡的神经，他马上反驳说："这个宣称'像爱你自己一样爱你的邻人'的人，不是也说过'谁不恨父亲、母亲、女人、孩子、兄弟、姐妹和他自己，谁就不是我的信徒'，这难道是我们应该铭记在心的福音吗？"

"我不知道你想从中得出什么结论，但这些无损于人们对耶稣的信仰，以他的名义挑起的无数纷争被遗忘了。耶稣思想中最深层的内容至今仍没有被超越，甚至传播到欧洲之外，至于人们是否理解并牢记他的思想则是另一个问题。"

"肯定没有，"罗曼插话道，"如果人们真的理解了耶稣的思想，并以此为生活准则，这个世界将完全是另一个样子。因为耶稣思想的核心是教导人们怎样友好相处，而不是互相蔑视和仇恨。——这里说的'耶稣思想'是指被称为'登山宝训'马的那些教诫①。"

"但事实证明，人们并未真正遵循门徒马太传播的思想。"斯特凡脸涨得通红，因为这一直是他非常关注的话题，"马太只是把耶稣的许多谈话整理到一起。犹太人并不认为耶稣是上帝的儿

---

① 《马太福音》中耶稣在山上说的话，训导生活的基本准则，其中包括十诫。

子（这一点毫不奇怪），而只是一个先知，伊斯兰教徒也一样。有两点我一直无法理解：首先，上帝没有向耶稣揭示世界的真实面目。上帝没有告诉耶稣世界的许多奇迹，地球是一个球体，它在宇宙中按一定的规律运行或这个球体上有几大洲，而这些地方已经出现各种各样的文化，没有告诉他地球上有丰富的自然资源，有动物和植物。上帝也没有让耶稣看到无边无际的宇宙，还有亿万星系、行星、星云和气体。上帝没能让自己的儿子受到良好的教育，相比于以前的甚至是同时代的思想家，耶稣显得十分无知，更别说跟他以后的思想家相比了。我无法理解的第二点是：耶稣没能使自己的崇拜者和追随者产生思考的冲动。上帝忽视了作为父亲应该给予儿子的最重要的东西，而是赐予了一些很陈腐老套的能力——驱邪和巫术。这可真够丢人的！而且，如果耶稣真是上帝的儿子，他就不可能这样错误地估计世界末日和最后的审判。"

这时，谁也没再说什么。

一个持久而深远地改变了世界的人

过了好一会儿，塞内克斯才回答说："你代表的是极端批评者的观点，斯特凡，但是也有不同的观点。然而，无论耶稣是上帝的儿子还是人或先知，他都对世界产生了深远的影响，这些影响是我们首先需要关注的。必须承认，在这一方面，没有人超越耶稣，没有人像他那样持久而深远地改变了世界。"

"也许释迦牟尼可以。"

"释迦牟尼不属于西方文化的范畴，因此不在进化公园展示之列，我们展示的是地中海沿岸和西方各国。而且释迦牟尼的影响更温和、宽厚……"

"或者说，释迦牟尼没那么好战！"

"你说得对，但是基督教好战的根源不在于耶稣的思想，而是人的本性。"塞内克斯担心谈话会陷入争论，讨论信仰问题时常常会这样，"我们不如讨论一下为什么人会需要宗教和信仰吧。从思想诞生开始，人就有宗教和信仰的需求。人曾试图在无数的传说、图画、童话和诗歌中找到慰藉，他们在寻求一些关于永恒的问题的答案：世界是怎样形成的？为什么无罪的人会饱受苦难？为什么人一定会死亡？人死后会怎样……"

"特别是生命到底有什么意义。"罗曼插了一句。

塞内克斯点点头："也许宗教最主要的任务就是指明那些看不见、摸不着和感觉不到的东西。人类从一开始就在寻找关于生存意义的解释，这种追寻早在古希腊哲学家之前就已经有了。信仰将看得见和看不见的东西联系起来，赋予生命一种意义，它是生活的基础，是让人避免迷惘的希望。"

"'我信，正因其荒谬'[①]——我想，这正是因为生命本身就很荒谬。"斯特凡说。

[①] 此句原文为拉丁语：Credo quia absurdum。

"这句话出自罗马的神学家德尔图良,他出生在迦太基,即今天的突尼斯附近。"塞内克斯补充说。

"他知道自己说的是什么,"斯特凡继续说,"因为让我们奉为信仰的那些东西真是荒谬透顶!"

世界文学中最伟大的作品

"还是别把时间浪费在争论上了,这样永远也得不出什么结论,"塞内克斯说,"或许我们以后还会谈到这个问题,现在还是回到耶稣的话题吧。请想象耶稣的出生地——贫穷的伯利恒,还有与他的名字紧密联系在一起的拿撒勒,以及罗马帝国时代的耶路撒冷(耶稣就是在那里被钉在十字架上的)。不难发现基督教的起源是多么朴素。再想想基督教的影响力又是多么广泛和深远:富丽堂皇的梵蒂冈大教堂,意大利、西班牙、英国、法国和德国的那些大教堂和修道院——这一切都源于一种思想、一种信仰和某个人的一些话。"

说完,塞内克斯停了一会儿,三个年轻人也没有作声。然后,塞内克斯继续说道:"你们看见过罗马,在它的繁荣期出现了基督教。《圣经》也是那时写的,这里当然指的是《新约》,《旧约》只是犹太教的经典,它比《新约》要老得多。不管相信与否,我想在一点上我们是一致的:我们都承认《圣经》是世界文学史上最伟大、最广博的书。从那时起,人们开始认为《圣经》里的一切都是真的,信徒都遵循它的教义,所以它对我们的文化具有无与伦比的意义。"

"但是今天人们已经知道,四福音书是人写的,而不是上帝的灵感,所以《圣经》也被称为'基督教徒的童话'。"

"好啦,斯特凡,也许我们称它为'信仰书'更恰当。"塞内克斯打断斯特凡,"《圣经》是西方文化中最重要的著作——你肯定会同意这种说法吧。基督诞生以后的历史,或者准确地说,自罗马帝国衰亡以后的历史,只有与《圣经》联系在一起才能为人所理解。在此之前,从未有过一本书以如此独特的方式被奉为绝对真理,成为知识和思想的源泉,而且《圣经》在当时并未被印刷出来,只有很少的人能够接触到它。在几个世纪的时间中,西方的所有行为方式都取决于它的教义。当然,这种现象在犹太人那里早已出现,但犹太教的影响并未超越地中海地区,而基督教的影响却广泛得多。这一方面取决于耶稣本人,另一方面是由于耶稣的门徒保罗非常成功的传教活动,是他要求把教义传播到犹太人以外的地区去——这一点我们后面还会谈到。"

"有一点无须争辩:《圣经》并不是根据历史事实写成的。"斯特凡说,他不愿轻易接受塞内克斯言谈中流露出的指责意味。

"问题在于从什么角度看,"塞内克斯温和地回答说,"著名医生、虔诚的教徒阿尔贝特·施韦泽早在1913年就谈到,现代基督教必须承认,耶稣的存在无法从历史的角度得到证实。新教神学家马丁·克勒在1892年曾提出,历史上并没有耶稣这个人,他只存在于布道和人们的信仰中——这真是一语中的,它道出了基督教的精神作用。但是，斯特凡，如果你指的是历史上的耶稣，你的说法当然是对的，"塞内克斯承认道，"现在人们都一致认为四福音书和圣徒保罗的书信都是耶稣死后才写成的。四福音书的作者和保罗都不认识耶稣。保罗的信如果是真实的，那么它们就是最早的证明。《马可福音》是在耶稣死后约四十年写成的，《路加福音》和《马太福音》是在耶稣死后约七十年写成的，《约翰福音》则是在耶稣死后七十至八十年间写的。保存下来的四福音书也不是原件，而是通过一个又一个抄本流传下来的。两百多年的时间里，抄写的福音书有许多修改和补充，据说修改达一万处之多。按法国启蒙主义哲学家狄德罗的说法，基督教在最初的几个世纪曾有六十部不同的福音书，它们晦涩、天真且荒谬，其中只有四部保留了下来。"

"那么，耶稣从未看到过别人对他的评论。"

"是的，斯特凡。接触过耶稣的人没有留下任何记录，将他写得神乎其神的人则从未直接接触过他，圣徒保罗也是在耶稣死后几年才出生的。他的信是《新约》最早的篇章，写于耶稣逝世二十年之后。关于耶稣本人其实没有任何书面记述。"

"不管怎么说，我不太喜欢《圣经》，它真实与否对我没有任何意义。重要的是，《圣经》里有许多古老的迷信，至今仍在扩散，对人没有教育作用，我们需要反对这些最终会毁灭人类的迷信。我是一个没有信仰的怀疑论者，只尊重事实和基于事实的结论。但有许多人狂热地坚信某些未经检验的观点，这让我感到非常悲哀。"

"从某种意义上说，你的想法是对的，斯特凡，但有些过于简单化了，"罗曼插话道，然后他又回到了原来的话题，"也许耶稣的巨大影响首先在于他预言我们死后能复活。"

"这不恰恰证明了我刚才所说的话吗？"斯特凡反驳说，"谁真的相信人死后可以复活呢？"

塞内克斯没有理会斯特凡的责问："罗曼说得对，正是这点给了人安慰和希望，它是耶稣和《圣经》给人的福音。人们愿意听到这种福音。"

"但是这种盲目信奉在以后的几百年阻碍了人类精神的进步。"

"你说得对也不对，斯特凡，因为人们也由此获得了美好的认识和更深一层的真实——这里指的不是自然科学意义上的认识和真实。《圣经》传达的福音打开了人们沉睡而丰饶的内心世界，让人从此能超越现实的禁锢、展开想象的翅膀，《圣经》带来了无尽的希望。"

"但是，塞内克斯，您也必须承认，这种盲目信仰会诱使信徒不能容忍异教徒的存在。"

"这点我们会谈到的，斯特凡，我们现在还是只谈耶稣，他能让人得到解脱。"

"是的，但我认为让人得到解脱的不是宗教，而是人们心中对某种能解救自己灵魂的伟大力量的渴望，渴望使人产生信仰。"

"也许你说得对，斯特凡。然而，古埃及、古希腊、古罗马，甚至犹太人的宗教都未能满足这么多人对解救灵魂的渴望，只有耶稣做到了。"

"我也是这么看的，罗曼。但从另一个角度想，上天赐给我们生命，我们不但不心存感激，还想从中解脱出来，听上去真有些亵渎神灵。"

"请别忘了，大部分人的生活充满辛劳、斗争、烦恼、忧愁和病痛，妮克。尤其在那时，人们饱受疾病和衰老的摧残，对死亡的恐惧和不可遏制的饥饿感也时时困扰着他们。"

"就算是这样，也没有必要感激上帝呀！"斯特凡很理性地说，"我们不应该寄希望于别人的拯救，而应该自己努力使世上的一切变得美好，这样就不需要什么拯救者——至少不需要把我们从尘世的苦难中解放出来的拯救者。"

同耶稣本人一样重要的人

"在结束关于耶稣的话题前，我们再谈谈圣徒保罗，"塞内克斯说，"作为一种精神力量，保罗至少和耶稣一样重要。他让非犹太人拥有了皈依基督教的可能，这为基督教成为世界性宗教奠定了基础。《新约》中有三分之一的篇幅在记录保罗的言行，从中可以看出他具有某种堪比耶稣的精神力量。保罗出生在奥古斯都执政时期的陶鲁斯，是一个犹太人的儿子，本名叫扫罗，他热衷于反对早期基督徒。但不久之后，保罗奇迹般地经历了'蒙主召唤'的体验，这是神学史上很著名的现象，他形容为'灵光一现'。然后他接受洗礼，并改名为保罗。在一生之中，他不知疲倦地游历了地中海周围所有为人所知的地方，传播基督教义，进行布道、教导和写作，行程可能超过两万公里。他从小亚细亚出发，经希腊、克里特岛、马耳他，最后到达罗马。在罗马帝国时代，这些地区之间没有边界。他常常被人驱赶，不得不逃亡。还有人投石块砸他，使他受尽折磨，人们以为他早就死了。他到雅典时，那里仍然是艺术和哲学的中心，但他没有找到追随者，不过他在哥林多建立了一个教会。在他离开哥林多后，得知那里发生了激烈的争执，就写了两封信，也就是著名的《哥林多前书》和《哥林多后书》，也许这是他最好的书信。保罗的信是口述的，大部分都匆匆忙忙，有些是在织地毯时写的，因为这是他的职业。所有的信都很口语化，非常生动。据说，最终他在睡梦中到达罗马，又在罗马城外被斩首了。详情无法知道，传说他是尼禄统治时的殉道者。他被葬在通往奥斯提亚的路边。"

"保罗不是特别敌视妇女吗？"

"是的，贝蕾妮克，基督教中敌视妇女的倾向肯定不是来自耶稣本人。别忘了，保罗的思想是建立在古希腊人及其哲学的传统上的。他告诫耶稣的追随者：'时光短暂。为了将来，每个已婚男人都应该像独身者那样生活。'"

"他是要求男人离开妻子，好一心一意去做基督徒吗？"

"是这样，贝蕾妮克，但他还提出了别的要求，后来也被证明同样重要。他写信说：'每个人都要动手劳动，来满足自己的需要，并把多余的东西给那些不够的人。'你们已经知道，在古希腊和古罗马时代体力劳动是遭人蔑视的，人们都让奴隶去干活。然而，在以色列，体力劳动不被轻视。犹太教经师也要学会一种有实际用途的技能，以便自食其力。他们认为，学习犹太教经典与练习手工操作是相辅相成的，同时进行两种活动可以使人远离罪恶。如果没有劳动，学习会令人变得愚蠢而混乱。这种观点对中世纪、对修道院的生活，以至对我们今天都有着非常重要的意义，有关这点我们下次再讲。"

世界的转折点

"让我们看看公元后几个世纪的历史，"塞内克斯向三个年轻人提议道，"再强调一次，从那时起，世界就在以一种前所未有的方式发生变化。直到今天，我们也还处在这样的变化中。我承认，我们又要跳过历史上的一大段时间，因为人类精神的发展又出现了一个停滞阶段（这有利于宗教的革新）。随着基督教的诞生，特别是在中世纪，人类突然完全以一种群体的形式出现了，他们成了一群狂热的信仰者。而在此之前，人们更多的是以个体的面目出现。对世俗的鄙视、对世界无理性的逃避（世界作为上帝的作品本来是值得崇敬的）成为一种宗教活动，并达到了前所未有的程度。当然，人对生命本能的热爱，以及对死的恐惧，始终保持着强大的力量。生与死之间无法调和的矛盾让人的内心产生了巨大的冲突，几乎令人无法承受，于是一个新的世界出现了——你们明天就会进入这个世界，一个从古典过渡到……"

"到现代？"

"还没那么快，斯特凡，或者说正在犹犹豫豫要进入现代的时候。这个时期的人深深地打上了基督教烙印，力图把基督教和古典精神在自己身上统一起来，这也是我要选择用一个特殊人物来介绍这一时期的原因。"

"是谁？当然又是一个男人。"

"是的，贝蕾妮克，是一个男人。明天我们要去意大利，准确地说是去普利亚。在此之前我们会到巴勒斯坦的耶路撒冷参观弗里德里希二世的加冕典礼。"

三个年轻人起身回到自己的房间，今天经历的一切将陪伴他们进入梦乡。